10년 안에 사람부자 만드는

인맥경영

초판 1쇄 발행 | 2008년 7월 10일
초판 2쇄 발행 | 2009년 7월 20일
지은이 | 김승용
펴낸이 | 조종현
펴낸곳 | 북오션

종 이 | 대한실업
출 력 | 푸른서울
인 쇄 | 정민문화
출판신고번호 | 제313-2007-000197호

주 소 | 서울시 마포구 서교동 468-2번지
이메일 | bookrose@naver.com
전 화 | (02)322-6709
팩 스 | (02)3143-3964

ISBN 978-89-960334-4-8 (03320)

*책값은 뒤표지에 있습니다.
*잘못 만들어진 책은 구입하신 서점에서 교환해 드립니다.

10년 안에 사람부자 만드는
인맥경영

김승용 지음

북오션

좋은 인맥이 많으면 좋은 정보도 많아진다는 것은 진리다. 그럼 자신의 인맥 정보량을 증대시키기 위해서는 어떻게 해야 하는가.

물론 독서나 자신의 업무에 관련된 자료를 읽는 것도 하나의 방법일 수 있다. 그리고 여러 모임에 적극적으로 참여하여 같은 업종이나 타 업계의 사람들과 정보를 교환하는 것도 또 하나의 방법이 될 것이다.

그러나 어떤 상황에서도 기본적으로 필요한 것이 있다. 그것은 다름 아닌 호기심이다. 필자는 무엇보다 호기심에서 출발한 의문점을 갖는 것이 정보수집을 위한 열쇠가 된다.

우리는 일상 속에서 수없이 많은 의문과 만나게 된다. 길을 걷다가, 지하철에서, 또는 승용차 운전 중에도 주변의 사물을 보면서 많은 의문을 품게 된다. 그리고 사람들과 대화하면서 자신이 모르는 정보가 나오면 그것 역시 의문점이 되기도 한다.

인간은 컴퓨터보다도 매우 우수한 용량을 갖고 있다. 따라서 새롭게 얻은 발견을 얼마든지 입력해 두어도 용량은 초과되지 않는다. 필자는 이 세상 최대의 정보원은 사람이라고 생각한다. 다양한 분야에서 매일 일하면서 생활하고 있는 사람은 사물을 보는 법, 생각하는 법, 발상법 등이 모두 다르다. 타인의 발상에 귀를 기울이다 보면 미처 자신이 생각하지 못했던 수많은 아이디어, 기획 아이템을 얻을 수 있으며 이것이 바로 비즈니스의 성공키워드가 되기도 한다.

따라서 우리는 앞서 가는 사람들과 좋은 인맥을 맺어야 한다. 인맥은 성공적인 미래를 열어 주는 청사진이다. 무엇보다 인맥이 중요한 이유는 우리 사회의 모든 비즈니스가 사람과 사람 관계로 성립되고 있기 때문이다. 따라서 사람이 이 세상의 중심에 있고 그런 사람들과 서로 조화와 협조, 균형을 이루며 사회를 바꿔간다.

비즈니스 사회에서뿐만 아니라 그 어떤 사회에서도 사람과의 관계를 떠나서는 살아갈 수가 없다. 결국 어떤 사람과 인맥을 맺고,

그것을 어떻게 유지해 나가느냐에 따라 미래가 달라질 수 있다. 인맥은 바로 삶을 풍요롭게 하고 성공적으로 이끌기 위한 필수조건이다.

지금의 비즈니스 사회에서 성공하느냐 못하느냐는 전적으로 개인의 노력 여하에 달려 있다. 그리고 비즈니스 사회에서는 본인의 노력 이외에 또 다른 작용점이 있다. 그것이 바로 인맥이다. 분명히 인맥을 잘 맺어야 성공할 수 있다. 그렇지 않을 경우 돌이킬 수 없는 인생의 실패를 가져오기도 한다. 때문에 지금은 좋은 인맥을 맺기가 어려운 세상이 되었다고 푸념하기도 한다. 따라서 필자는 인맥 맺기에 있어 지혜로워지라고 당부하고 싶다.

우리는 주변의 인간관계 속에서 웃으며 만났다가 돈, 권력, 보증, 술, 여자 때문에 싸우면서 헤어지는 사례들을 수없이 목격하고 있다. 필자도 체험 속에서 인맥의 중요성을 실감했다.

사람들과의 만남은 그 숫자만큼 정보원을 확장해 갈 수 있다. 따라서 좋은 만남을 더욱 돈독하게 다지면서 끈끈한 인맥으로 키워 간다면 정보량도 많아지고 성공적인 비즈니스 기회도 늘어나는 것이다.

이 책은 글로벌 정보화 시대에 인간관계를 어떻게 유지하고 좋은 인맥을 만들 수 있는가에 초점을 맞춰 현장의 사례 위주로 기술하고자 노력했다. 따라서 이 책이 비즈니스 현장에서 활동하는 경영자, 임원, 팀장은 물론이거니와 직장인, 대학생 여러분에게 인맥 만들기를 위한 지혜로운 정보를 충분히 제공해 줄 것으로 믿는다.

끝으로 이 책을 출간하도록 배려해 주신 북오션출판사 사장님께 감사드린다.

2008년 6월
경제경영 전문작가
CEO마케팅신문 편집국장
김 승 용

Contents

Contents

Chapter 4 인맥경영의 위험요소들

Chapter 5 인맥을 찾아 사이버 세계로 가자

Chapter 1

성공은 인맥에서 출발한다

ake the best use of
personal networking

01 인맥, 당신의 마음을 여는 것부터 시작하라

회사라는 조직에서는, 그 조직의 규모가 크든 작든 그 속에서 늘 원만한 인간관계를 유지하기란 여간 어려운 일이 아니다.

회사조직에서는 개개인의 능력이 업무성과에 따라 평가되는데 이로 인해 또 다른 문제가 야기된다. 바로 자기평가에 대한 불만이 생겨나며 나아가 인사관리에 대한 불평으로까지 확대되기도 한다. 대다수의 사람들은 자신의 능력을 객관적인 눈으로 바라보지 못한다. 따라서 스스로를 과대평가하게 되는 것이다. 객관적인 잣대로 자신을 평가하고 더 나은 자신을 위해 노력하는 자세를 가져야 한다.

우리가 살아가는 모든 과정은 인간관계에서부터 시작된다고 해도 과언이 아니다. 인간관계 형성 여하에 따라 앞으로 인생의 발로가 달라질 가능성이 무궁무진한 20~30대 직장인들이라면 인간관계만큼 소중한 것이 없는 것이다.

과연 인간관계를 어떻게 풀어나가야 하는 것일까?

무엇보다 상대방에게 자신을 먼저 열어 보이는 것이 선행돼야 한다. 즉 내가 먼저 악수를 청하고 개인적인 이야기를 먼저 꺼내는 등을 비롯해 상대방에게 어려움이 닥치거나 기쁜 일이 생겼을 때 먼저 다가가는 자세가 인맥을 만드는 시발점이 된다. 생각해 보라. 당신에게 먼저 위로나 축하의 말 한마디를 건네는 직장 상사나 동료가 당신의 마음속에 어떻게 자리 잡게 되는지를…….

인간관계에는 부메랑의 법칙이 작용한다. 때문에 당신을 좋아하는 사람을 싫어하지 않게 되는 것이다. 호감을 얻고 싶은 사람이 있는가? 그렇다면 그에게 먼저 다가가 호감을 보여라. 당신이 상대방에게 어떤 마음으로 대했는가에 따라 인간관계는 180도 달라진다. 아무리 피하고 싶은 상대라 할지라도 먼저 호감을 보이면 어느 정도는 호감이 생기는 게 인지상정이다.

일상생활이나 비즈니스상의 악수는 만나서 기쁘다는 뜻이자 상대에 대한 존경과 격려의 표시다. 주먹을 불끈 쥐고 있는 상대에게

성공은 인맥에서 출발한다

는 악수를 청할 수 없다. 마음이 열려 있는 사람은 늘 손을 펴고 있다. 손을 편 만큼 마음도 열려 있다는 뜻이다.

설령 당신이 한때 상대방과 불쾌한 일이 있었다 하더라도 과감히 그에게 다가가라. 대체로 사람들은 의식적이든 무의식적이든 불쾌한 일들을 잊어버리려는 습성이 있다. 만일 당신이 겪은 안 좋은 일들을 모두 기억하면서 살아가야 한다면, 이처럼 지독한 형벌도 없을 것이다. 상대방이 업무상 당신과의 인간관계를 피할 수 없다고 생각한다면 먼저 다가서는 당신을 뿌리치지는 못할 것이다. 오히려 먼저 마음을 여는 당신에게 더 고마운 마음을 가져 전보다 더 두터운 관계로 발전할 가능성이 있다는 사실을 명심하라.

02 20~30대, 넓은 인맥이 성공의 지름길이다

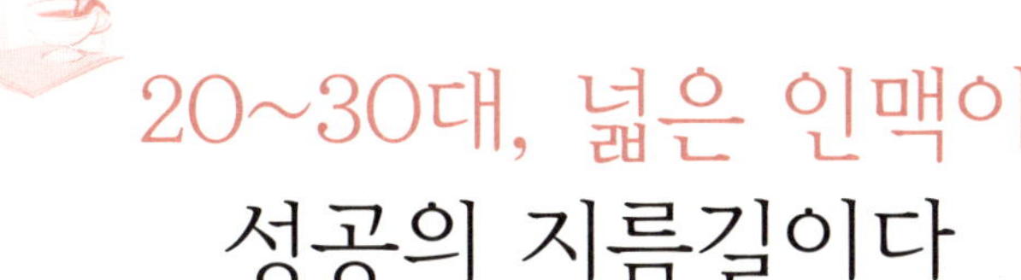

최근 직장인들은 성공을 위해 인맥관리가 중요하다고 느끼면서도 실제로는 인맥관리를 크게 염두에 두지 않는다. 특히 직장인 10명 가운데 6명은 자신을 이끌어주는 멘토가 있고, 나머지 역시 자신보다 경험이 많고 믿을 수 있으며 의지할 안내자를 곁에 두고 싶어 한다. 그러나 시간과 돈을 들여 여러 지인을 관리하기보다는 소수 조언자들을 집중 관리해 결정적인 순간에 도움을 받을 수 있는 실용적인 인간관계를 선호한다.

얼마 전 한 취업 포털사이트에서는 직장인 767명을 대상으로 인맥관리 실태를 조사했다. 인맥관리의 중요성을 얼마나 느끼고 있느냐는 질문에 대해 대부분 '중요하다' (97.8%)는 반응을 보였다.

그러나 중요성의 인식과 실천 여부는 별개였다. 좋은 인맥의 개발과 관계유지를 위해 어느 정도 노력을 기울이고 있느냐는 질문에 대해 '인맥관리를 잘하고 있다' 는 응답은 35.9%에 불과했다. 나머지 64.1%는 '인맥관리를 잘하지 못하는 편에 속한다' 고 답했다.

특히 직장인들은 인맥관리의 중요성의 가장 큰 이유로 '이직이나 창업할 때 도움을 받을 목적' 이라고 답한 응답자가 전체 36.5%로, '정서적 유대 때문' 이라고 답한 응답자(25.8%)를 앞서고 있었다. 이는 단순히 모임에 의해 맺어진 관계에 그치지 않고 목표지향적인 인맥관리를 하고 있음을 의미한다.

또한 '직장 내 승진을 위해서' (19.6%)라는 응답자 비율도 비교적 높게 나타났다. 직장인 가운데 10명 중 1명만이 '경조사 등에 지인을 많이 모으기 위해' (10.1%) 인맥관리를 하는 것으로 조사됐다.

한편, 인맥관리시 현재에 역점을 두는 인맥군(이하, '현재 인맥군' 이라 한다)과 과거에 역점을 두는 인맥군(이하, '과거 인매군' 이라 한다)을 구분·조사해 보았다. 인맥관리의 중점 대상이 '친구와 학교 동문' 이라는 응답자가 가장 많았고, 서로 다른 두 가지 선호 인맥군에서도 그 차이가 나타났다. 즉 과거 인맥군에서는 '친구나 학교 동문' 의 비중이 전체 인맥관리 대상의 54.8%를 차지하는 반면, 현재 인맥군에서는 36.8%를 차지했으며 대신 '직장 선후배'에게 더 많은 공을 들이고 있었다. 그런데 과거 인맥군에서 '직장 선후배'라고 한 응답자가 18.5%에 불과했으나 점차 그 비중(33.4%)이 증가하고 있는 추세다.

'전문가 집단'을 대상으로 한 인맥관리도 늘어났다. 과거 인맥군에서 '전문가 집단'이 차지하는 비중은 5.2%에 그쳤으나 최근 12.0%로 늘어났으며 나이가 들수록 전문가 집단을 선호하는 경향이 큰 것으로 조사됐다.

인맥군이 변하는 이유로 2명 중 1명은 '이직과 창업 때 도움을 받기 위해서'(45.8%)라고 답했다. 이것은 무엇을 의미하는 것일까? 인맥관리의 중요성이 부각되면서 멘토를 두는 직장인들이 많아졌다는 것이다. 아직 멘토가 없는 직장인 가운데서도 84.6%가 곧 멘토를 둘 예정이라고 했다. 그리고 멘토로는 경력관리에 도움이 되는 사람이 가장 많은 것(40.9%)으로 조사됐다. 인생설계(23.6%)와 재테크 전문가를 멘토로 두고 싶다(19.7%)는 응답자도 많았다.

헤이그룹 인사컨설턴트에서 일하는 2년차 직장인 K씨에게 있어 세상은 아주 좁다. 프로젝트를 한번 맡으면 1~2시간 만에 해당 기업 담당자의 개인정보는 물론이거니와 그 기업의 보수체계며 노사

성공은 인맥에서 출발한다

관계까지 줄줄이 꿸 수 있다. 그의 힘은 바로 거미줄처럼 얽혀 있는 '인맥망'이다. '한국리더십학교', '이코노미스트연구토론회' 등 그가 간부급으로 활동하는 모임만 해도 8개다. 휴대폰에 저장된 전화번호가 1,005개, 이메일에 등록된 주소는 3,000여 개에 달하고, 최근 3년간 받은 명함만 사과 한 박스 분량이다.

K씨는 "요즘 주변에선 '노하우(know-how)' 대신 '노후(know-who)'라는 말을 많이 쓴다"며 "그동안 다져둔 인맥이 일하는 데 큰 도움이 된다"고 말한다.

최근 20~30대 사이에 넓은 인맥이 경력의 핵심과제로 떠오르고 있다. 각종 경조사 참가, 기업 인턴십 참여, 각종 온라인 모임 등 인맥을 쌓기 위해 수단을 가리지 않는다. 요즘 기업들이 실용적인 인재를 선호하고 있어 인맥 다지기가 성공의 필수요소이기 때문이다. 인맥으로 인생을 경영하는 '인맥경영' 시대가 본격화되고 있다는 사실을 증명하고 있는 것이다.

1년 전쯤에 서울 강남역 부근 한 빌딩에서 '인맥 페스티벌'이 열렸다. '교육 인맥당'이라는 인터넷 카페가 매달 주최하는 행사다. 회원들끼리 명함을 주고받고 인맥 형성에 도움이 되도록 친목을 다지자는 취지의 모임이다.

"저는 현대자동차 ○○팀에 근무하는 ○○○ 대리입니다. 남미지역 마케팅에 관심이 많습니다."

이처럼 이들은 자기 이름과 직장, 직책, 관심사항 등을 똑똑히 이야기해 상대에게 자신의 존재를 각인시킨다. 2년 전 탄생한 이 모임은 지금 70,000여 명의 회원이 활동 중이라고 한다.

다른 인맥 커뮤니티도 폭발적인 증가세를 보이고 있다. '싸이월드'의 '직장인 인맥 만들기' 클럽은 생긴 지 1년 반 만에 24,000명이 가입했고, 포털사이트 '다음'에 개설된 '인맥은행' 카페도 개설 6개월 만에 회원수가 40,000명을 넘어섰다. 대학생과 20~30대 직장인이 대부분인 이 카페에서는 '명함주세요' 코너에 자기소개를 하고, 게시판에서 취업이나 사업 및 투자정보를 주고받는다.

'인맥은행'의 회원인 P씨는 "취업 면접시험에서 '당신의 네트워크는 얼마나 넓은지 설명해 보라'는 질문이 수시로 나온다"며 "기업 인턴채용 때도 공개모집보다 선배들의 추천으로 알음알음 들어가는 경우가 많아졌다"고 했다.

세계 최초의 웹기반 채팅서비스 사이트였던 네오위즈도 '세이클럽me'라는 인맥 구축 서비스(SNS)로 새로 거듭난 이후 이전의 채팅과 게임 기능에 더해 음악방송, 메신저 등을 추가해 주간 방문자 수가 130만 명을 넘어서는 등 선전을 기하고 있다.

성공은 인맥에서 출발한다

인맥 쌓기는 과거에도 물론 중요시됐다. 하지만 요즘 20~30대는 혈연, 지연, 학연에 의존하지 않고 '스스로 개척한다' 는 점에서 기성세대의 전통적인 인맥 쌓기와는 확연히 차별화된 자신들의 땀과 노력으로 인맥을 만들어 나가고 있다.

03

칭찬에도
요령이 필요하다

몇년 전, 《칭찬은 고래도 춤추게 한다》는 책이 베스트셀러 대열에 오른 적이 있다. 칭찬을 싫어하는 사람은 없다. 칭찬에는 세금이 붙지 않는다.

그런데 우리나라 사람들은 칭찬하는 일에 매우 인색한 편이다. 하루 동안 당신이 몇 번의 칭찬을 했는지 생각해 보면 쉽게 알 수 있을 것이다. 하루에 한 번도 칭찬하지 않고 지나가는 날이 부지기수라는 사실말이다.

여기서 우리가 알아두어야 할 중요한 사실이 한 가지 더 있다. 계속 같은 말로 상대방을 칭찬하는 것은 오히려 상대방에게 불쾌감을 준다는 것이다.

디자인 전문회사에 근무하는 박 과장은 거래처 사람과 조찬모임을 가지며 회사 업무에 대해 전반적인 이야기를 나눈 후 자연스럽게 상대방으로부터 "외모가 훤칠해 보이십니다"라는 말을 듣고 내심 무척 흡족한 마음이 들었다. 사실 얼굴이 잘 생겼다는데 기분 나쁠 사람이 누가 있겠는가. 그 후 몇 달 후 다시 그 거래처 사람을 만나 일을 하게 됐는데 그때 그 사람이 "외모가 훤칠해 보이십니다" 하는 말을 다시 듣게 됐다.

며칠 후 자신의 회사에서 자신의 직속상관 부장과 미팅을 하고 있는 그 사람을 보게 됐는데 그 사람이 부장에게 "외모가 훤칠해 보이십니다"라고 말을 하는 것이 아닌가. 그때 박 과장은 거래처 사람이 단지 인사말로 하는 습관적인 멘트였다는 생각이 들어 그에 대한 신뢰감이 반감되었으며 씁쓸한 기분마저 들었다.

건설회사에 근무하는 홍 대리는 직장 상사 및 동료 직원, 여직원에게 인기가 많은 편이다.

홍 대리는 직장동료가 새로운 넥타이를 매고 오면 "우와, 훤칠한 외모에 딱 어울리는 색깔인걸! 외모가 더욱 빛나" 아니면 "정 대리

는 피부가 고와서 화장을 안 해도 꼭 화장한 거 같아" 하는 등 상대
방에 대한 관심어린 칭찬을 한다.

자, 어떠한가? 같은 외모에 대해 칭찬을 한 것이지만 똑같은 멘트
로 겉치레라는 느낌을 주는 경우와 다양하게 변화된 말과 상대의
포인트를 잡아 칭찬을 해주는 경우의 느낌은 하늘과 땅 차이지 않
은가? 이처럼 상대방에게 칭찬을 하더라도 관심과 진심어린 칭찬
은 그 사람의 마음을 움직인다.

그리고 칭찬은 사람의 마음을 웃게 한다. 누구든지 칭찬을 들으
면 얼굴에 미소를 짓는다. 상대에 대한 칭찬거리는 곳곳에 널려 있
다. 옷 입는 것부터 그 사람의 표정에 이르기까지, 심지어 보이지
않는 마음씨까지도 칭찬의 대상이 된다.

특히 처음 만나는 사람에게 건네는 칭찬의 말 한마디는 만남의
성패를 좌우할 수 있는 힘을 가진다. 칭찬을 들으면 웃게 되는 심리
는 칭찬이 듣는 사람의 마음을 움직이기 때문이다. 따라서 칭찬은
상대방과 좋은 관계를 맺기 위한 핵심 요소라고 할 수 있다.

04

타인과 대화시
기본 매너는 인맥관리의 지름길

상대방과 대화를 할 때 기본적으로 지켜야 할 예의가 있다. 그런데 대다수의 사람들은 이 사실을 망각하고 있는 듯하다. 특히 20~30대는 자유분방한 사고를 가진 세대다 보니 더욱 그러한데 '기본적' 인 사항이 얼마나 큰 영향을 끼치는지를 잊어서는 안 된다.

호수에 돌멩이를 하나 던져보자. 그 파장은 멀리까지 전해진다. 이 원리를 생각하면 쉽게 이해할 수 있다.

중소기업 영업부에 근무하는 박 대리는 영업실적이 썩 좋지 않아

항상 스트레스를 받고 있다. 입사성적도 좋고 회사 교육실적에서도 활달한 성격과 탁월한 언변으로 높은 점수를 받았다. 그런데 자신보다 훨씬 소심한 성격을 가진 동기보다 영업실적이 좋지 않으니 그 스트레스가 이만저만이 아니었다.

그러던 중 자신에게 호의를 보인 거래처 사람에게 자신의 고민을 털어놓았다. 그런데 이런 말을 하는 것이 아닌가?

"아마도 자네의 눈떨림증 때문인 것 같네. 고객과 면담할 때는 고객과 가까운 거리에 자리를 잡게 되는데 자네의 눈이 떨리고 있으니 뭔가 불안해 보이고 자네도 그것을 의식해서인지 이야기할 때 고객의 눈을 쳐다보지 않으니 상품에 대해 자신이 없다고 느껴서이지 않을까?"

그 말에 충격을 받은 박 대리는 다음 날부터 약간 색깔이 들어간 안경을 착용해 눈떨림증을 어느 정도 커버했고, 고객을 대할 때 시선처리를 교정함으로써 자신감을 되찾았다. 그 후 그의 실적이 올라 회사 내에서도 인정받는 위치가 됐다.

이것은 지극히 단편적인 사례에 불과하다. 그러나 정말 사소한 부분이 얼마나 큰 영향을 미치는지를 알려주는 사례라 할 수 있다.

타인과의 대화에서 기본적으로 지켜야 하는 예의를 살펴보자.

성공은 인맥에서 출발한다

① 눈을 직시하라

대다수의 사람들은 자신이 표현하고자 하는 말의 뜻에 대해서는 큰 관심을 기울이지만 정작 어떤 표정으로, 어떤 눈으로 말할 것인지에 대해서는 무관심하다. 시선을 상대의 어디에 두느냐에 따라 전달하고자 하는 의도를 확실히 할 수 있다. 처음 만나 악수할 경우 시선을 하늘이나 땅바닥에 둔다면 상대를 무시하는 것이나 다름없다. 반면 상대방의 눈을 직시하면서 부드럽게 "반갑습니다"라고 말하면 분명 상대방과의 관계는 좋아질 것이다.

그리고 상대방과 대화시 눈을 바라보면서 고개를 끄덕이는 것은 그 말에 동의한다는 의미가 되고 상대방은 이내 흡족한 마음을 가질 것이다. 상사로부터 훈계를 들을 때도 마찬가지로 "죄송합니다"라고 말하면서 약간 시선을 내려보라. 상사의 흥분이 한층 누그러질 것이다. 단, 눈을 자주 깜빡거린다거나 곁눈질을 하는 것은 지양하라.

② 3초간 생각하라

이 습관은 상대방과 대화하면서 매우 유익하게 활용될 수 있다. 특히 상대방의 말에 귀 기울임에 있어 잘못된 습관을 가지고 있는 사람이라면 지금 당장 시작하라.

상대방과 대화하는 데 가장 나쁜 습관 중 하나는 상대방의 말이 끝나기도 전에 자신의 의견을 말하는 것이다. 3초간 길게 숨을 들이쉬고 상대방의 눈을 직시해 보라. 말은 일단 입에서 내뱉으면 다시 주워 담을 수 없다.

아무리 화가 나는 상황이 생기더라도 3초만 생각하면 살인도 면할 수 있다. 3초간 길게 숨을 들이쉰다는 것은 상대방과 대화하는 과정뿐만 아니라 어떤 결정을 내려야 하는 순간에도 매우 유익하게 활용할 수 있다. 상대방의 얼굴을 직시하는 것은 '당신의 말이 틀리지 않습니다' 라고 인정하는 또 다른 표현이기도 하다.

③ 상대방의 입장에 동의한다는 표현을 하라

사실 상대방의 입장을 확실하게 이해한다는 것은 무척 어려운 일이다. "제가 차 부장님의 입장이라도 충분히 이해하겠습니다", "내가 당신이었더라도 똑같은 일을 했을 겁니다"와 같이 상대방의 입장에 동의한다는 말 한마디로 당신은 상대방의 마음을 쉬이 움직이고, 쉬이 살 수 있을 것이다.

④ '감사합니다' 는 말에 익숙해져라

상대방에게 친절을 베풀었을 때 당연한 듯이 그냥 지나쳐 버리면

대가를 바란 친절이 아니었음에도 상당히 불쾌했던 기분을 느낀 적이 한번쯤 있었을 것이다. 이 같은 표현에 돈이 드는 것도 아닌데 우리는 왜 '감사합니다' 라는 말에 인색한 것일까? 그 이유는 익숙하지 않기 때문이다. 인사하는 습관과 마찬가지로 평소 대화할 때 '감사합니다', '고맙습니다' 라고 말하는 습관을 들이지 않으면 결코 쉬운 일이 아니다.

'감사합니다', '고맙습니다' 라는 말은 상대방에게 친근감을 주는 동시에 은혜 입음을 가장 강력하게 전달할 수 있다. 따라서 상대방에게 자신의 좋은 인상을 심어줄 수 있는 최적의 방법임을 잊지 말자.

⑤ 항상 겸손한 자세를 가져라

겸손이란 상대방을 존중하고 자기를 내세우지 않는 자세를 말한다. 인간관계에서뿐만 아니라 비즈니스에서도 그러한 습관은 매우 중요하다. 직장에서나 사회에서 자기만이 최고라고 여기는 독불장군의 시대는 이미 사라진 지 오래다. 팀워크와 직장 내 동료들과의 친화가 중요하다. 상대방의 마음을 열기 위해서는 그 사람의 말에 귀 기울이고, 관심을 가지며, 자신을 낮추는 겸손한 자세가 중요하다. 경쟁사회이다 보니 무의식중에 자기를 과대평가하는 습관이 몸

에 배어 버린 사람이 많다. 그런데 명심할 것은 자신의 가치를 낮춘
다고 해서 결코 자신의 가치가 낮아지는 것이 아니라는 사실이다.
나를 먼저 낮춰 상대방의 입맛에 맞추면 서로 원만한 인간관계를
유지할 수 있는 것이다.

성공은 인맥에서 출발한다

05

미소는 최대 경쟁력 중 하나

인사는 상대에게 존중의 마음을 나타내고 예를 표하는 기본자세다. 정중히 예를 표할 경우 45도 각도로 인사(정중례)를 하고, 보통의 정도로 예를 표할 경우 30도 각도로 인사(보통례)를 하는 것이 일반적이다.

정중례의 경우 자신을 낳아 준 부모님이나 정말로 특별히 감사할 만한 고객 등에게 하는 인사다. 그래서 대개의 경우, 인사는 30도 각도로 하는 보통례로 하든가 목례 정도면 충분하다. 하지만 여기에도 조건이 있다. 반드시 미소 띤 얼굴로 인사하라.

미소가 담기지 않으면 정중례이든 보통례이든 전혀 도움이 되지 않는다. 고개를 깊이 숙이는 정중례라 하더라도 웃음 없이 무표정한 인사라면 겉치레 그 이상이 못 된다.

옛말에 말 한마디로 천 냥의 빚을 갚는다고 했다. 이처럼 미소 띤 인사에는 상대방의 마음까지 밝게 해주는 힘이 있다.

그런 연유로 서비스 관련 업종, 즉 보험사, 외식업계, 운수업, 호텔, 병원, 금융·통신업계, 백화점이나 대형 할인마트, 관공서 등 여러 기업체에서 미소교육을 실시하고 있다.

미소를 짓는 이유는 무엇인가? 타인에게 흥미를 끌기 위해서, 관심을 표현하기 위해서, 친절한 마음을 전하기 위해서, 당신과 화해하고 싶다는 말 대신 등이다. 미소에는 과유불급이 없다. 사람의 다친 마음을 치유해 주며, 자신을 나타내는 최고의 수단이 된다.

그렇다면 미소를 어떻게 담아내야 할까? 먼저 당신은 어떤 미소로 다가서는 사람에게 호감을 느끼는가? 그 마음을 담아 보자. 살포시 입꼬리를 올리고, 눈에는 당신에게 가까이 다가가고 싶다는 마음을 담자. 조금 더 교감이 이뤄졌다면 이를 살짝 드러내고 미소 짓는 것은 상대방뿐만 아니라 당신의 마음까지도 웃게 할 것이다. 입을 한껏 벌리고 능글맞게 웃는 사람에게는 쉬이 다가서기 힘든 법이다. 그보다는 밝게 웃는 눈인사가 훨씬 효과적이다.

일상을 즐기면 웃음은 절로 만들어진다. 한국을 월드컵 4강에 올

성공은 인맥에서 출발한다

려 놓은 거스 히딩크 감독의 지도력이 높은 평가를 받는 이유 중 하나는 "훈련을 훈련으로 하지 말고 즐겨라"는 원칙으로 선수들을 지도했다는 점이다. 무슨 일이든 억지로 하는 것과 놀이하듯 즐기면서 하는 것은 큰 차이가 있다. 즐기면서 일하는 사람들의 얼굴에 나타나는 밝은 표정만 보아도 알 수 있지 않은가? 일을 하면서 희열과 보람을 느끼는 사람은 얼굴 표정이 다르다.

바로 긍정의 힘이다. 긍정의 마음을 갖지 못한 사람은 결코 진정한 웃음을 만들 수도, 가질 수도 없다. 예를 들어 지금 당장 '용서한다', '할 수 있다', '사랑한다' 등과 같은 말을 해 보라. 단지 몇 개의 단어를 생각하는 것만으로도 당신의 마음이 금세 행복해지는 것을 느낄 수 있을 것이다.

세일즈맨의 역사에 길이 남을 미국의 클레멘트 스톤처럼 자신에게 긍정적인 이미지를 불어넣고 싶다면 매일 아침 '나는 오늘 기분이 좋다!', '나는 오늘 건강하다!', '나는 오늘 너무 멋있다!' 라는 세 문장을 외쳐 보라고 했다. 바로 오늘부터 이 세 문장을 거울 앞에서 힘차게 외치는 것으로 하루를 시작해 보자.

당신도 웃음의 프로가 될 수 있다. 웃음과 미소의 달인은 내가 잘 웃는 것뿐만 아니라 타인이 미소 짓게 만들 수 있어야 한다.

하루에 10개 정도의 유머를 외워 보자. 그리고 외우는 데 그치지 말고 반드시 사용해 보자. 그래야 완전히 내것으로 만들 수 있다.

책이나 신문을 꼼꼼히 읽는 것도 좋은 방법이다. 책을 읽으면 다른 사람들에게 이야기할 소재가 다양해진다. 그리고 여러 분야의 사람들을 만나자.

"세 사람이 길을 같이 가면 그중에 반드시 나의 스승이 될 만한 사람이 있다(三人行必有我師)."

성공은 인맥에서 출발한다

06

40대 이후의
얼굴을 책임져라

"**40**대 이후의 얼굴은 자기 자신의 책임"이라는 말이 있다. 이 말은 40세부터의 인생의 모든 것이 얼굴에 나타나게 된다는 의미이기도 하다.

누구든 나이가 들면 얼굴에 주름이 생기게 마련이다. 인자의 얼굴에는 연륜에 의해서 풍요로움, 심오함, 은근함이 풍기는 법이다. 따라서 중년의 여유와 매력도 결국은 과거생활이 반영된 결과다.

특히 첫 만남의 경우에는 얼굴표정에서 오는 인상이 쉽게 지워지지 않는다. 흉악범의 인상은 누가 보아도 험상궂고, 자신 없는 사람은 언제나 비굴한 표정이다. 누군가를 만났을 때, '어쩐지 마음에 들지 않는다'는 느낌이 드는 경우가 있는데, 그것은 단지 얼굴표정에서 나오는 느낌에 지나지 않는데도 실제와 들어맞는 경우가 많다.

또한 험상궂게 생긴 사람은 상대방을 긴장하게 하며, 인덕이 있어 보이는 사람은 상대방의 마음을 편하게 한다. 지인의 자당께서는 입버릇처럼 "이마에 가로주름이 지게 하는 것은 좋지만, 20~30대가 미간에 세로주름이 지게 해서는 안 된다"고 말씀하시곤 했다.

매일 아침 거울 앞에 서서 자신의 얼굴을 비춰 보라. 과연 거기에 어떠한 얼굴이 나타나는가? 밝게 웃는 얼굴과 활력에 충만해 있는 자신을 읽어낼 수 있는가? 만일 과음 때문에 부석부석해 있다거나, 기분이 언짢아 일그러진 얼굴을 하고 있다면, 차분히 정신을 가다듬은 뒤 집을 나서라.

그리고 기회가 있을 때마다 자신의 모습을 거울에 비춰 보라. 이 사회에는 많은 적이 존재하는 법이다. 상대방으로 하여금 경계심을 갖게 하거나 겁을 먹게 해서는 안 된다. 항상 거울을 가지고 다녀야 한다. 남자도 마찬가지다. 넥타이가 헐거워진 것, 머리가 흐트러진 것들보다도 자신의 얼굴을 부드러운 미소로 가득 채우는 것이 더 중요하다.

그런 후 가장 좋은 얼굴로 사람을 만난다. 교제의 첫째 조건은 상대방에게 경계심이나 혐오감을 주지 않는 것이다. 가장 좋은 얼굴

성공은 인맥에서 출발한다

이란 부담을 느끼지 않는 얼굴이다. 위협을 주는 사람보다 어수룩하면서도 정직한 모습을 보여 주는 사람에게 사람들이 모이는 법이다. 날카로운 것에 부딪히면 상처를 입게 마련이다. 면도날을 살바에 집어넣는 것과 같은 위험한 발상은 비즈니스 사회에서 인정받지 못한다.

인상을 찌푸리고 있기보다는 미소를 가득 머금은 표정을 연출하는 습관을 갖는다. 그리고 평범하다고만 생각하는 당신 자신의 입장과 바꿔 놓고 생각해 보자. 과연 당신은 주위 사람들의 주목을 끌 만한 매력 요소가 전혀 없는 것일까?

독일의 인간관계 전문가인 슈테판 그로스(Stefan F. Gross)는 다른 사람에게 칭찬하고, 감사하고, 존중하는 태도가 인간관계를 친밀하게 만드는 3요소라고 한다.

주목받는 인간이 되지 않고서는 어떤 성공도 보장받지 못한다. 성공자는 주위의 인정을 받아야 하며 또 인정받는 가운데서 성공을 실현시킨다.

당신이 지극히 평범한 인물이라고 해도 사람들의 주목을 끌기 위한 연출이 불가능한 것만은 아니다. 몇 벌 되지 않는 옷이라도 색다르게 입는 비결을 연구해 보자. 무뚝뚝한 사람이었다면 전과는 달리 상냥한 인사를 보내도 좋다. 무엇인가 예전의 당신과는 다른 분

위기를 연출해야 한다. 스스로가 매력 있는 사람, 인기 있는 사람이
되겠다는 자부심을 가져라. 사람들은 당신의 그 용기를 부러워하게
될 것이다.

성공은 인맥에서 출발한다

07

교제, 교우 명단을 작성해 본다

인맥노트는 인맥을 넓히는 데 지대한 역할을 한다. 직장생활을 하는 사람들이나 그렇지 않은 사람들도 자신만의 수첩이나 노트를 가지고 있다. 학생들이 다이어리나 수첩을 작성하는 것과 마찬가지다.

학창시절, 새 학기가 시작될 즈음, 친구들의 이름과 주소, 생년월일, 연락처, 학교, 취미나 사생활, 소망 등 알고 싶은 여러 질문을 적은 앙케트 노트를 돌리는 것이 유행한 적이 있었다. 이른바 인맥노트의 한 예다.

순수했던 시절, 아주 소소한 것까지 적도록 했으므로 친구에 대해 아는 최적의 방법이었다. 지금의 학생들도 그런 것을 하는지 모르겠지만, 자꾸 발전해 가는 시대에 맞춰 인터넷 블로그나 홈페이지 등으로 서로의 인맥 쌓기를 하는 지금의 디지털시대는 아날로그시대보다는 덜 순수하다는 느낌도 든다. 특히 요즘은 손수 적는 수첩보다는 컴퓨터나 전자수첩, 휴대폰에 인맥 정보를 저장한다. 서로 간에 이메일을 주고받을 때도 아바타(사이버공간에서 사용자의 역할을 대신하는 애니메이션 캐릭터)를 통해 자신을 소개하고 전자명함으로 프로필을 주고받으며 자신의 인맥을 정리해 둔다.

하지만 디지털시대에 들어 편리한 점도 많다. 경조사나 모임 때도 일일이 전화하고 편지를 보내던 예전과는 달리 지금은 단체메일이나 문자메시지 등으로 한번에 해결할 수 있으니 말이다. 나의 인맥을 꼼꼼히 저장해 두면 일일이 기억하지 않아도 경조사 등을 알려 주는 알림기능도 있다.

나아가 이런 편리한 점들은 업무나 영업상 활용할 수 있다. 발품이나 손품을 덜 팔고도 훨씬 많은 효과를 누릴 수 있기 때문이다.

성공은 인맥에서 출발한다

08 친구의 친구를 인맥으로 만든다

인맥은 점차적으로 확대시켜 나가야 한다. 그리고 첫 만남 후에는 함께 모이는 고정멤버가 되도록 노력해야 한다. 따라서 최근의 만남이 인맥 만들기를 결정하는 중요한 출발점이 된다. 최근 20~30대의 젊은층은 대체로 사교에 익숙하지 못한 경우가 많다. 특히 초대면인 경우는 더욱 그러하다.

딱딱한 분위기는 가벼운 농담이나 유머를 사용하거나 익살스런 제스처로 부드럽게 할 수 있다. 당신이 분위기 메이커 역할을 했다면 인맥 만들기에서 좀 더 나은 고지를 선점한 것이다.

친구를 통해 지인을 소개받아 교제하는 경우 처음부터 '업무' 라든가 '개인적인 부탁'을 개입해서는 안 된다. '안도감 → 신뢰 → 이해'라는 공식을 만들어 내는 일이 핵심이다. 상대의 마음을 빨리 열게 하기 위해서는 자신이 먼저 마음을 열어 보여야 한다.

일단 소개를 받고 허물없는 사이가 됐다는 생각이 들면 대부분 자신의 일을 거리낌 없이 의논해도 된다고 생각한다. 물론 교제란 서로 도움이 되는 존재임을 기반하는 것이므로 나쁘다고 단정할 수만은 없다. 그러나 순서와 예의를 갖추자.

첫째, 처음에 소개해 준 사람을 통해서, 어느 정도 협조를 요청하는 것이 좋을지, 어떤 식으로 대화를 이끌어 가면 되는지 조언을 구하는 방법이다. 둘째, 새로 사귄 친구와 터놓고 대화를 한 후 그때마다 소개해 준 사람에게 알리고 의견을 구하는 방법이다.

간혹 어떤 사람은 흔히 소개자를 제쳐놓고 당사자들끼리 만나는 경향이 있다. 세계 경제 속에서 한국기업의 수법에 대한 평가가 나쁜 것은 이러한 룰을 지키지 않았기 때문이다. 친구 사이에서도 이 같은 실수는 자칫 두 명의 친구를 동시에 잃게 될 수도 있다는 것을 명심해야 한다. 올바르게 원칙을 세우고 그것을 성실하게 실천하는 일은 인맥을 구축하는 데 있어서 매우 중요하게 작용한다.

성공은 인맥에서 출발한다

사람이 찾아오지 않는 것을 두려워하라

매일 매일 다양한 사람들을 만나는 것이 즐겁다고 말하는 사람이 있는가 하면, 여간한 일이 아니면 사람들을 만나지 않으려는 사람도 있다. 전자는 인맥이 넓은 사람이고, 후자는 인덕이 없는 사람이다. 물론 비즈니스 사회에서 매일 사람이 찾아온다면, 그것은 대부분 야간에 이뤄지거나 상당한 유력자인 경우다. 그러나 주말이나 공휴일, 명절이 돼도 여간해서 사람이 찾아오지 않는 집도 있다.

사람은 누구나 교제하는 사람의 일상이 궁금한 법이다. 낮 동안의 얼굴은 공식적인 얼굴이다. 그 사람의 인간다운 얼굴은 사적인 시간밖에 볼 수 없다. 사람의 사귐은 바로 이 '사사로운 생활'과 접촉해야 비로소 깊어지는 것이다. 인간 형성의 장, 그 이면에 있는 개인의 생활 속에 존재하고, 의외의 일이나 특이한 재능은 사생활 속에 은밀히 숨겨져 있기 때문이다. 그러므로 상대방을 있는 그대로 보기 위해서는 인간적인 접근이 무엇보다 중요하다.

그러나 아무 때나 사람을 찾아갈 수 있는 것은 아니다. 일단 인간적인 친근감이 생겨나야 비로소 그 사람의 집을 방문하고 싶다는 마음이 생긴다. 따라서 사람을 언제나 즐겁게 받아들이는 자세가 돼 있어야 한다. 자기가 부탁해서라도 남들로 하여금 자기 집에 찾아오게 한다는 마음가짐이 없으면 사귐의 울타리는 넓어질 수 없다.

남의 집을 방문한다는 것은 사실 조금 귀찮은 일일지도 모른다. 어쩔 수 없는 용무나 의례가 아니고서야 누구든지 그런 마음이 들 수 있다. 그런데도 불구하고 사람이 자주 모이는 집이 있다. 그 이유는 무엇일까? 그 사람에게 어떤 매력이 있기 때문일 것이다. 마음에 부담이 없고, 유쾌하고, 얼굴을 보면 안심이 되고, 자기도 모르는 사이에 많은 지식을 얻을 수 있고, 따뜻한 세계를 느낄 수 있는 등 사람을 끌어들이는 매력이 있다는 것이다.

이런 사람은 교제술의 대가다. 아무리 밖에서 돈을 펑펑 쓰며 열심히 사귐에 정열을 쏟는다 해도, 그것만으로 교제술의 열매를 맺

성공은 인맥에서 출발한다

기는 부족하다. 비즈니스맨의 교제는 겉으로 보기에는 친한 것 같아도, 그 사생활을 몸 전체로 만나지 못한다면 그 유대는 연약할 수밖에 없다.

그런 의미에서 집은 인맥 만들기의 유대를 단단히 하기에 더없이 좋은 장소가 된다. 다른 사람을 자신의 영역으로 초대하지 못하는 사람은 인맥의 폭을 넓히는 데 한계가 있기 마련이다.

사람이 찾아오지 않는 것을 두려워하라.

10 타인을 포용할 수 있는 아량을 기르자

친구들과의 교제는 부질없는 대화를 하면서 술을 마시는 게 다가 아니다. 즉 가정이나 직장에서 중요한 이야기나 신상에 대한 의논까지 폭넓게 이루어져야 한다.

아무리 친한 사이라고 할지라도 서로의 입장이나 경험의 차이 때문에 종종 의견 충돌이 생기기도 한다. 또 조언을 구해 오는 사람에게는 문제의 해답을 내놓아야 하는 책임이 느껴진다. 그러나 그것은 결코 쉽지 않은 일이다.

하기 싫은 말도 무리인 줄 알면서 해야 할 경우도 있고, 금전적인 문제나 대책을 세우기 어려운 이야기도 있을 것이다. 그때마다 대

성공은 인맥에서 출발한다

부분의 사람들은 어떻게든 자신의 의견을 내놓고, 그쪽으로 결론이 맺어지기를 바란다. 상담은 하나의 형식에 불과하고, 문제를 제기한 사람이 내심 결론을 갖고 있기도 하다. 말하자면 참고로 삼기 위해, 안도감을 얻기 위해 다른 사람의 의견을 구하는 경우도 있다.

이런 형태의 문제에 있어서는 절대로 자신의 의견을 강요해서는 안 된다. 오히려 다방면으로 여러 가지 상황을 고려해 상대가 이미 가지고 있는 결론을 보다 충실한 것으로 만들 수 있도록 돕는 것이 좋다.

예를 들어, 영업상의 문제 또는 가정문제, 성문제, 자녀교육이나 건강에 관한 문제 등의 경우에는 특히 독단적인 결론을 내리지 말아야 한다. 개인의 의견이라고 하는 원칙을 깨지 않도록 노력해야 한다.

어떤 사람이든 제각기 자신만의 인생관을 가지고 있다. 또 그 인생관으로부터 여러 가지 견해가 나오기도 한다. 따라서 현실로 표현되는 것은 매우 유동적일 수밖에 없다. 겉으로 드러나는 문제만으로는 객관적인 결론에 도달하기 어렵다.

자기 감정에 너무 빠져 있다 보면 자칫 자기 의견에 도취되기 십상이다. 더구나 그룹을 지어서 나누는 이야기에는 의견 대립이 생기기 마련이다.

헨리 A. 키신저(Henry Alfred Kissinger)는 "모든 문서가 자신의 보호를 염두에 두고 쓰여진다는 것은 틀림없다. 사람은 분명이 그 사람 자신이 계획에 참여한 것에 의해 영향을 받는다. 설명을 하고 싶다는 충동은 어느새 변호하고 싶다는 충동과 구별할 수 없게 된다. 그 사람의 판단이 옳았다고 증명하는 것은 아니다. 단지 무엇이 판단의 기초가 됐느냐는 것뿐이다"라고 말했다.

친구들과 교제를 하면서 어떤 문제를 채택하는 방법은 매우 중요하며, 또한 많은 위험이 잠재해 있는 법이다. 특히 인맥을 넓히기 위해서는 폭넓은 층과의 관계를 개척해 두지 않으면 안 된다. 따라서 반론이나 조언이 필요한 선배들의 의견을 무의미하고 고리타분하다고 단정짓지 말아야 한다. 그들로부터 멀어지는 것은 엄청난 손실이다. 그것은 결코 사람을 포용하며 스스로 인맥 만들기를 적극 희망하고 있는 젊은 세대가 취할 행동이 아니다.

성공은 인맥에서 출발한다

11

이름만 잘 외워도 인맥은 넓어진다

정치인이었던 P씨는 심한 사투리를 쓰는 조그마한 체격의 노신사다. 그 사람의 별명은 '근식사'다. 그는 누구를 만나든지 "근간에 식사라도 합시다"라고 입버릇처럼 말하기 때문이다. 물론 이 약속은 공수표로 거의 지켜진 적이 없다. 하지만 이 말을 듣는 사람은 매우 친근감을 느낀다고 한다.

이 사람에게는 또 하나 다른 사람이 흉내 낼 수 없는 특기가 있었는데, 그것은 한번 만났던 사람의 이름과 얼굴을 결코 잊어버리지 않는다는 사실이다. 지방에 내려가서 연설을 하는 것은 정치가의 일상이다. P씨도 1년 내내 지방나들이를 한다. 그를 맞이하기 위해서 역에 마중 나온 지방 유지들에게 P씨는 이렇게 말한다고 한다.

"이거 오랜만입니다, ○○ 씨. 그동안 별고 없습니까?"

"○○ 선생, 잘 지냈습니까? △△ 군(손자 이름)도 학교에 잘 다니지요?"

그렇게 일일이 이름을 기억해 부르고 안부를 묻는다. 지방의 유지들은 이름을 불러 마치 친구처럼 대해 주고, 손주 녀석까지 기억해 주는 그의 말 한마디에 감동하는 것이다.

자신을 합리화하기 위한 핑계나 구실이 아니다. 단지 그 한 가지만으로도 그를 높게 평가하는 것이다. 그를 불가사의한 마력을 가진 정치가, 서민의 정치가라고 부르는 데는 그만한 이유가 있는 것이다.

사람은 누구에게나 자부심이 있다. 자기현시욕도 있다. 자신의 이름을 기억하고 불러주는 것은 상대방이 자신의 존재를 인식하고 있다는 증거라고 생각하는 것은 당연하다.

한마디 한마디에 이름이나 직책을 붙여주는 것은 사귐을 돈독하게 하는 중요한 핵심이다. 서양 사람들은 이것이 습관화돼 있어 대인관계에 철저히 적용한다. 예컨대 어제까지 연구생이었던 사람이 대학 교수가 됐다고 하자. 그 사람을 부를 때 어제와 마찬가지로,

성공은 인맥에서 출발한다

‘미스터 ○○, ○○ 씨’라고 부르는 것보다는 ‘○○ 교수’라고 부르는 것이 상대방에 대한 예의며 나아가 인맥 형성에도 큰 도움이 된다.

어린애 장난 같다고 일소에 부칠지도 모른다. 그러나 그것은 대인관계의 철칙이다. 상대방을 부를 때 대개 직함만 부르는 경향이 있는데, 이름을 부르는 습관을 기르도록 해야 한다. “성함이 뭐였죠?” 하는 식으로, 이름을 잊어버렸다고 말하는 것은 인맥 만들기의 미숙한 자세다.

12

친구의 근무처에서 인맥을 만든다

인맥이라는 것은 얼굴을 마주하는 횟수에 따라 그 관계가 깊어지는 법이다. 왜 "Out of sight, out of mind"라는 말이 있지 않은가.

회사원이라고 해서 하루 종일 책상 앞에만 매달려 있는 것은 아닐 것이다. 적어도 점심시간이나 퇴근 후에는 자유시간이 있다.

친구나 지인들과 같은 지역에 근무할 경우, 책상에 앉아 일하는 사람은 점심시간을 활용하면 된다. 점심시간이야말로 짧은 시간에 인맥을 넓힐 수 있는 좋은 기회다. 인맥의 중요성을 인식하는 사람이라면 "오늘 점심은 뭐 먹을까?"보다는 "오늘은 누구랑 점심을 먹

성공은 인맥에서 출발한다

을까?"를 생각해야 한다.

무익하게 혼자서 점심식사를 하지 말자. 친구에게 전화를 걸어 한 달에 한 번이라도 함께 점심을 먹도록 한다. 오랜만에 친구를 찾아 가서 만났으므로 반가워서 좋고, 자신이 모르던 다른 사람들의 이야기도 서로 나눌 수 있게 되어 좋을 것이다.

또한 그 친구의 동료들이랑 한자리에 식사하게 되면 더 좋다. 한 사람이라도 더 알게 되고 그 사람 또한 나의 인맥으로 만들 수 있기 때문이다. 아무래도 그냥 멀뚱하게 눈인사만 하는 것보다는 식사를 같이 하면서 이런저런 얘기, 직장에서의 얘기 등을 나누는 것이 새로운 사람과도 친해질 수 있는 하나의 방법이다.

외근을 하는 사람은, 친구의 근무처 근처에 가게 되면 단 5분이라도 얼굴을 내밀도록 한다. 자주 보면서 얼굴을 익히는 것도 끈끈한 인맥을 맺는 요령이다. 점심시간에 맞추어 점심을 대접하는 것도 좋고, 점심은 각자 더치페이로 하고 식사 후에 커피를 한 잔 사는 것도 좋다. 또한 공무원이나 관청에 근무하는 사람이라면 값싼 구내식당을 이용할 수도 있다. 여기에서 중요한 것은 별것 아닌 용건을 통해서라도 인맥 만들기를 계속해 나가는 것이다.

이렇게 인맥을 만들어 나가면서, 그때그때 언제 누구와 만났는지, 뭘 먹었었는지, 어떤 이슈였는지 기록해 두자. 사실 며칠이 지나고,

몇 달이 지나게 되면 누구를 만나고, 뭣 때문에 만났는지 가물가물
할 때가 많다. 다이어리나 달력에라도 간단히 적어 두는 습관을 가
지면 다음에 만날 때도 도움이 되고 얘깃거리도 풍부해진다.

13

소개장으로
인맥을 만든다

지금 당신이 신뢰를 받고 있으면 있을수록 사람들은 당신의 인맥에 의존하고자 할 것이다. 이때 사람들은 소개장을 부탁하게 된다.

내용에 따라서는 단서만 붙여 주고 나머지는 그 사람의 능력에 맡기기도 하지만 상대방이 자기보다 윗사람이거나 사회적 지위가 있는 사람이라면 서면으로 해야 한다. 매우 친한 사이인 경우에는 전화를 해 두고 사람을 보내기도 한다.

사람의 행동에는 반드시 대가나 의무가 따른다. 소개를 한다는 것, 쌍방의 이익과 연관되는 것이라는 믿음이 전제돼야 한다.

그러나 세상일이란 그렇게 쉽게 풀리는 것만은 아니다. 결과가 좋아 고맙다는 말을 듣는 경우도 있지만, 종종 일이 잘못돼 곤경에 처하는 경우도 있다. 그렇게 되면 쌍방으로부터 "당신이 소개했으니까……" 하는 말을 시작으로 푸념, 질책, 원망, 심지어는 금전적인 책임을 져야 한다. 물론 법적인 구속력은 없다. 그러나 도의적인 책임을 져야 하는 경우가 있는 것이다.

그래서 소개장이란 매우 중요하고 또 그 위력은 대단하다. 소개장을 써 준 사람이 키맨이라면 그 영향력이 소개장에 고스란히 담겨 있어 더 큰 효과를 발휘할 것이다.

과거에는 명함에 소개내용을 쓰고, 모서리 어딘가를 접어 중요도를 슬쩍 상대에게 알리기도 했다. 그러나 이것은 이제는 통용되지 않는다. 이런 방법은 널리 알려져 있을 뿐만 아니라 유용하지도 못하다. 우선 그런 흉내를 내서 소개장에 순위를 매기는 정도라면, 차라리 써주지 않는 것이 낫다. 또 소개장에는 달콤한 말을 가득 적어 준 후 즉시 전화를 걸어 상반된 말을 하는 부도덕한 경우도 있다.

소개장은 수표와 같아서 절대로 남발해서는 안 된다. 그 대신 일단 쓰면 마지막까지 책임지겠다는 마음자세가 중요하다. 이렇게 하면 당신의 소개장의 가치는 매우 높아질 것이다. 그렇다면 어떻게 위험을 최소한으로 할 수 있을까?

성공은 인맥에서 출발한다

피소개자의 인품을 잘 파악하고 있다거나 통찰력 있는 사람을 선택해서 소개해야 하며, 희망하는 바를 명확히 써서 형식적인 의뢰가 아니라는 것을 상대방에게 전달해야 한다. 그리고 피소개자는 그 이후에 어찌됐는지 결과를 알려야 함은 물론이다.

♀ 인맥을 넓히는 사자성어

매사마골(買死馬骨)

죽은 말의 뼈를 산다는 뜻으로, 귀중한 것을 얻기 위해서는 손익을 따지지 말고 먼저 많은 공을 들여야 바라는 것을 이룰 수 있다. 아무 노력도 없이 좋은 결과만 원하는 사람들의 나쁜 태도를 경계하는 말이다.

Chapter 2

인맥관리
스킬 노하우

ake the best use of
personal networking

성공적인 사회생활을 위한 첫걸음 | 때로는 지는 것이 이기는 것이다 | 인맥관리도 스킬이다 | 가까이 있는 사람부터 내 사람으로 만들어라 | 다른 사람의 인맥을 내 인맥으로 만들어라 | 취업 면접도 인맥 만들기의 일환이다 | 글로벌 인맥을 만들자 | 인생의 계획표를 만들어라 | 직장인 동호회를 활용하라 | 교제범위를 넓혀라 | 대범한 사람이 신뢰받는다 | 인맥창조에 변화의 바람이 분다

성공적인
사회생활을 위한 첫걸음

우리는 일생을 살아가는 동안 수많은 사람들과 만나고 헤어짐을 반복한다. 다양한 부류의 사람들과 눈에 보이지 않는 거미줄처럼 얽혀 서로 도움을 주고받으면서 살아가고 있다. 학교 동창이나 고향의 죽마고우, 학교 선배나 은사, 동네 어르신, 일가친척 등과의 관계가 그렇다. 우리는 이것을 대인관계라는 말로 표현한다. 여러 사람이 모여 공동생활을 하는 데는 인간관계가 무엇보다 중요하다.

20~30대의 대인관계란 이처럼 일생을 남들과 원만하게 살아가는 데 매우 중요한 요소가 된다. 인간은 세상에 태어나는 순간부터

생을 마감하는 순간까지 대인관계를 계속한다. 20~30대들이 속칭 출세하는 데에도 이 대인관계가 매우 중요한 역할을 한다. 물론 궁극적으로는 자기자신의 노력과 도전, 창의력이 바탕돼야 하겠지만 원만한 대인관계, 인맥관리는 성공적인 사회생활을 위한 기본이다.

단적으로 P씨의 예를 들어 보자. 그는 최근 A기업 인사팀의 스카우트 제의를 받고 이직을 고려하고 있다. 업무상 만남을 가졌던 지인을 통해 자신의 능력을 어렵지 않게 홍보한 셈이다. 비즈니스 사회에서 인맥의 힘은 매우 크며, 부지런히 인맥관리에 힘쓴 결과는 달다.

어떻게 하면 대인관계를 잘 쌓을 수 있을까?

① 좋은 이미지를 심어 주라

기업에서는 팀워크가 중요하다. 사훈(社訓)으로 인화(人和)를 최고로 꼽고 신입사원을 채용할 때에도 특히 팀워크를 강조한다. S그룹 회장은 외모에서 온화함을 풍기는 사람이라야 그 사람 자신의 운명뿐만 아니라 그 사람이 속한 직장이나 사회에서 큰 역할을 한다고 믿고 있다고 이야기한다. 그래서 사원 채용시에는 아무리 바쁜 일이 있더라도 자기가 직접 면접을 본다.

중동 진출, 대형 토목건설공사를 수주하고 있는 모 건설회사는 직원들을 채용할 때 대인관계와 인품을 매우 중요시한다. 물론 기술도 중요하지만 그보다는 외국 사람들에게 한국인의 이미지를 심어 주는 것이 무엇보다도 중요한 일이라고 생각해 가능한 인성이 원만한 사람을 내보낸다는 것이다. 물론 이것은 한국에 대한 대외 이미지를 좋게 하기 위함이 내포돼 있다. 예로부터 꽃에 향기가 있듯이 인간에게는 나름대로 풍기는 이미지가 있다고 했다. 꽃향기가 좋아야만 벌, 나비가 모여들 듯이 사람 역시 이미지가 좋아야만 여러 사람들에게 호감을 줄 수 있다.

② 상냥하고 친절하라

집 근처에 있는 편의점이나 슈퍼마켓을 관찰해 보자. 그중에서도 유별나게 장사가 잘 되는 곳이 있다. 그런 집을 자세히 살펴보면 점원이나 주인이 그렇게 친절할 수가 없다. 한창 바쁜 시간에 어린이가 몇백 원짜리 과자 하나를 사기 위해 이것저것을 만지작거려도 귀찮아하는 기색이 없다. 언제 봐도 상냥하고 친절하며 즐거운 표정이다.

단골손님이 오면 가족들 안부를 묻기도 하고 사업에 대한 이야기도 함께 나누는 등 세심하면서도 자상하다. 비록 그것이 장삿속에 치우친 친절이라 해도 고객의 입장에서는 그 편안함과 친근감에 끌려 자주 들르게 된다. 주인이 무뚝뚝하고 불친절한 상점보다 친절한 상점에 손님이 몰리는 것은 지극히 당연한 이치 아닌가.

이와 같이 대인관계가 뛰어나면 자기 사업이나 성공에 있어 좀 더 유리한 고지를 점령할 수 있다.

매우 높은 수익률을 자랑하는 S백화점은 매일 개장 10분 전, 담당 팀장의 지휘 아래 직원들은 자기 위치에 서서 손님을 맞을 때의 자세, 인사법 등을 연습한다.

엘리베이터에서 내리는 손님을 매장까지 안내하는 법이라든가 인사하는 법, 물건을 고를 때 거들어 주는 법, 질문에 대답하는 법 등을 연습하는 것이다. 친절을 몸에 배게 하기 위한 기본 매너교육이다.

그 결과 직원들은 비록 불쾌한 일이 생기더라도 짜증내지 않고 친절하게 고객을 맞을 수 있었다고 한다. 손님 역시 편안한 기분으로 쇼핑할 수 있고 백화점은 계속 고수익을 올릴 수 있는 윈-윈전략이다.

③ 고마움을 명확히 표시하라

요즘 사람들은 상대방에게 도움을 받았는데도 제대로 고마움을 전하지 못한다. 이 경우의 사람들은 일반적으로 상대를 비난하거나 부정적으로 판단하는 것에 익숙해져 있다. 이것은 대인관계를 형성하는 데 치명적으로 작용함을 알아야 한다.

  찜통 무더위가 계속되던 어느 여름날, 땀을 뻘뻘 흘리면서 길을 가던 두 사람이 더위를 피해 길가에 서 있는 웅장한 느티나무 그늘 속으로 들어갔다. 그들 중 한 사람이 나무에 열매가 하나도 달리지 않은 것을 보고 말했다.

  "다른 나무들은 맛있는 열매나 아름다운 꽃을 피워서 사람들을 즐겁게 해주는데 이 나무는 그렇지 못하군. 아무짝에도 쓸모없는 나무야."

  다른 사람도 고개를 끄덕였다.

  "맞아. 이 나무는 자리만 크게 차지하고 뿌리만 길게 뻗어서 다른 농작물이 자라지 못하게 방해할 뿐이야."

  그들은 느티나무 덕분에 땀을 식히고 더위를 피하고 있으면서도 느티나무에 대한 불평불만만 늘어놓고 있었다.

  다른 사람의 도움을 받았다면 당장 그 자리에서 고마움을 말하라. 그렇다면 상대방은 당신에게 새로운 도움을 제공해 줄 것이다.

02 때로는 지는 것이 이기는 것이다

우리나라 사람 중에는 다혈질의 성향을 가진 사람들이 상당히 많다. 그래서 매사에 신경질적이고 조급하며 화를 잘 낸다. 조금만 참고 양보하면 아무 탈 없이 끝날 일을 가지고 마치 원수라도 만난 것처럼 멱살잡이로 싸우기도 한다. 이래서는 원만한 대인관계를 오래도록 유지할 수 없다.

카네기 철강회사에 나이 많은 한 독일인 근로자가 있었다. 그는 언젠가 동료 근로자들과 전쟁에 관한 논쟁을 벌이다가 흥분한 다른 동료들에 의해 흙탕물에 처박히는 수모를 당하게 됐다. 그들과 이

독일인 사이에 대판 싸움이 일어날 것은 불을 보듯 뻔한 일이었다. 그러나 온몸이 진흙투성이가 된 그는 의외로 태연했다. 한국사람 같으면 상상도 이해도 못할 일이었다. 이 광경이 전무인 찰스 슈와브의 눈에 띄었다. 슈와브는 그를 자기 사무실로 불렀다. "내가 보니까 당신은 별로 잘못한 일도 없이 흙탕물에 내던져졌는데 화가 나지 않습니까?" 그러자 독일인은 조금 바보스러운 표정을 지으며 이렇게 대꾸하는 것이었다.

"그야 물론 화가 났죠. 하지만 할 수 있습니까? 상대는 여럿이고 나는 혼자인 걸요. 이럴 때 내가 여럿에게 똑같이 대적할 수 있는 방법은 그저 웃는 것밖에 다른 방법이 없는 걸요."

만약 이 독일인 근로자가 동료 근로자들과 반박의 논쟁을 끝까지 벌였다면 어떻게 됐을까? 아마 죽지 않을 정도로 맞았을 것이다.

대부분의 사람들은 상대방과 논쟁을 벌였을 때 진다면 곧 자신의 논리에 허점이 있다거나 자신에게 큰 오점이라도 생긴 양 끝까지 자신의 뜻을 굽히지 않으려 한다. 그러나 이것은 오히려 상대방과의 관계를 악화시킨다는 사실을 기억해야 한다. 사람은 누구나 자신의 이야기를 들어주는 사람에게 호감을 갖게 돼 있다.

당신의 이익과 큰 상관이 없는 논쟁이라면 그 사람의 이야기를 끝까지 들어주고 수긍한다는 표정을 지어 주라. 그러면 상대방은 당신과 이야기하는 것을 편하게 생각하고 차후 당신이 주장을 하는 사실에 대해서는 일단 받아들이는 자세를 보일 것이다.

지금 자신의 의사를 굽히는 것이 자신의 미래를 밝혀 주는 초석이 될 수 있다는 사실을 명심하자.

인맥관리 스킬 노하우

인터넷 인맥관리 정보

최근에는 소극적인 인맥 관리보다는 적극적인 인맥관리가 대세이다. 필자가 젊던 시절만 해도 명함을 주고받고, 사람을 만나고 하면서 인맥을 넓혀 왔다면, 요즘 세대들은 사람을 직접 만나지 않고도 얼마든지 인맥을 넓혀가고 있다. 바로 인터넷 인맥 맺기이다. 수동으로 명함첩에 명함을 적던 시대는 이제 '바이 바이' 이다. 소프트웨어 프로그램도 있고, 직접 인터넷 사이트에서 명함관리를 해 주기도 한다. 더 나아가 핸드폰으로 모바일 명함이며, 프로필 관리를 해 주는 시대이다. 다음에 나열한 사이트 외에도 많은 홈페이지며, 인맥관리 사이트가 있지만 참고해서 이용해 보기를 바란다.

- 네이버의 플랜훗 www.planhood.com/portal/ko-kr
- 마이스폰서 www.mysponsor.kr
- 싸이월드의 파도타기 www.cyworld.co.kr
- 인크루트 인맥 nugu.incruit.com
- 토토링 www.totoring.com
- 드림위즈의 프렌즈 www.dreamwiz.com
- 엔리포의 비즈맥 www.bizmac.co.kr
- 다음의 플래닛 www.daum.net
- 파란 www.paran.com
- 새로움닷컴 www.seroum.com
- 럭키 톰 www.luckytom.kr
- 링크나우 www.linknow.kr

인맥관리도
스킬이다

요즘 20~30대는 휴먼 스킬 면에서 과거 선배들의 청년 시대에 비해 상당히 열세하다는 것을 느낀다. 이것은 바로 '그룹(서클)' 형성 능력을 의미한다.

20~30대 직장인들 가운데 점점 '나홀로 인간' 형이 늘어나고 있다. 친구를 만들고 싶다고 생각하지만 그 방법을 모른다. 거래관계가 개입하지 않으면 인간관계의 폭을 넓히지 못하고, 인간관계를 발전시킬 그룹활동을 하고 싶지만 누구도 자신을 불러주지 않는다고 생각한다.

하지만 인맥은 주어지는 것이 아니라 자기 스스로가 만들어 나가야 할 몫이다. 20~30대 직장인들의 휴면 스킬이 미흡하다고 말하는 것은 소속된 직장 조직에서 자신의 역할과 위치(포지션)를 스스로 만들어 내는 능력, 즉 그룹에 참여할 의욕 결여 및 자신이 속한 그룹에서 자신의 포지션을 획득하는 테크닉이 미숙하다는 것이다.

예를 들어, 어떤 계기를 통해 알게 된 것을 인연으로 인간관계 네트워크를 발전시킨다든가, 다양한 만남을 통해 인간관계의 폭을 넓혀 가는 능력이 미흡하다.

여기서 말하는 '그룹 형성 능력'을 키우기 위한 방법은 어떠한 것들이 있을까?

첫째, 옷깃만 스쳐도 인연이다. 한순간의 만남일지라도 그냥 넘기지 말아야 한다.

둘째, 만남으로부터 생긴 '안면관계'를 꾸준한 교제를 통해 '친구관계'로 발전시키는 테크닉을 길러야 한다.

셋째, 만남과 교제를 통해 맺어진 사이를 서로 도움을 주고받는 '네트워크관계'로 발전시키는 능력을 발휘해야 한다.

04 가까이 있는 사람부터 내 사람으로 만들어라

어떤 사람은 현재 자기가 서 있는 위치를 떠나 멀리 있는 인맥을 찾기 위해 시간과 정력을 낭비하기도 한다. 그러나 전혀 그럴 필요가 없다. 우선 주변의 가까운 인맥부터 다지고 관리하는 것이 중요하다. '천릿길도 한 걸음부터'라고 하지 않았는가. 현재 근무하고 있는 직장, 교류하고 있는 친구 등 가까운 사람들부터 인맥으로 만들어 두자. 예를 들면 다음과 같은 간단한 테크닉으로 인맥관리를 시작해 보자.

회사원이라고 해서 하루 종일 책상 앞에 앉아 업무에 열중해 있는 것은 아니다. 간혹 고개가 뻐근해 20분 정도 커피를 마시며 쉬는 시간을 가질 때가 있다. 이때 자신만의 사색을 즐기는 것도 좋지만 그동안 연락하지 못했던 지인들에게 전화를 걸어 안부 인사를 하는 것도 좋은 인맥관리 중의 한 방법이다. 필요할 때만 부탁하기 위해 전화를 한다고 생각해 봐라. 얄밉지 않은가?

외근을 주로 하는 사람이라면 일정 중간에 생기는 자투리 시간을 이용해서 친구의 근무처에 잠시 들러 보는 것도 좋다. 단 5분이라도 친구와 세상 돌아가는 이야기를 나눠 보자. 사람 간의 관계는 얼굴을 마주하는 횟수에 따라 그 정도가 깊어지는 법이다.

그뿐만 아니라 당신은 같은 부서의 사람들과 얼마나 많은 대화를 나누는가?

단지 같이 근무하기 때문에 인맥으로 관리할 필요가 없다고 생각하고 있는 것은 아닌가? 결코 그렇지 않다. 같은 부서에 근무한다는 것 자체가 인맥은 아니다. 다만 훌륭한 인맥이 될 수 있는 호조건에 불과하다. 다시 말해, 아직 튼튼한 인맥으로 현실화되지 않았다는 것이다.

대기업 광고대행사의 카피라이터는 대체로 이직률이 높다. 어느 정도 능력을 인정받고 자신의 고객이 생기면 5년 이내에 뛰쳐나와 프리랜서로 일하는 것이 상례다. 대기업 광고대행사는 광고의 수주량이 많기 때문에 하청회사를 활용하거나 프리랜서를 고용하는 일이 많다. 따라서 외주를 줄 때에는 함께 근무했던 프리랜서에게 먼저 기회를 주는 경우가 일반적이다.

이때 만약 카피라이터가 과거 자신이 근무하던 회사에서 인맥관리를 잘못했다면 프리랜서로서 성공할 수 있을까? 바로 주위에 있다는 이유로 같은 부서 사람들과 인간관계를 돈독히 하는 데 주력하지 않았다면 과연 퇴사 후 필요할 때 적절한 도움을 요청할 수 있을까?

부서 동료뿐만이 아니다. 과거 자신과 관계를 맺었던 거래처, 고객의 경우도 마찬가지다.

"인맥을 새로 만드는 것도 필요하지만 기존의 인맥을 제대로 관리하는 것이 더욱 중요하다"는 원칙은 이런 의미에서 대단히 중요하다. 아직까지 정확한 인맥 마인드가 없는 사람들, 이런 사람들은 우선 그동안 방치해 두었던 인맥들부터 먼저 확인해 보기 바란다. 인맥관리를 꾸준히 하려는 의식적인 노력이 현실적인 인맥만들기를 성공으로 이끈다.

인맥관리 스킬 노하우

다른 사람의 인맥을
내 인맥으로 만들어라

05

인맥이 많은 사람과 자주 접촉하는 것은 인맥창조의 핵심 원칙이다. 인맥이 많은 사람은 인맥의 중심에 서 있다. 그 사람 주위로 사람들이 모이고 그 사람을 중심으로 정보가 모인다. 우선 자신이 인맥의 중심이 될 수 없다면 인맥이 많은 사람과 접촉해 그 사람과 인맥을 맺는 것이 중요하다. 열 사람을 사귀는 것보다 이런 사람과의 관계를 돈독히 해 두는 것이 오히려 유리할 때가 있다.

전문번역가 황인철 씨는 사람을 못 사귀는 것으로 유명하다. 그가 직업으로 번역을 선택한 이유도 혼자서 일을 할 수 있다는 점 때문이었다. 그는 여럿이 함께 일하기보다는 혼자서 일하기를 좋아하고, 여러 명이 함께 하는 스포츠보다는 혼자서 할 수 있는 스포츠를 즐긴다.

그런데 번역가라는 직업 역시 적어도 일을 소개받기 위해서는 여러 사람과 상대해야 한다. 그러나 사람 사귀는 데 주변머리가 없는 그에게 일이 끊임없이 들어오고 있었다. 도대체 이유가 뭘까?

황인철 씨에게는 출판기획자로 일하는 친구가 2명 있다. 이 친구들은 주변에서 '걸어 다니는 인맥'이라고 부를 정도로 마당발을 자랑하는 사람들이다. 이들이 그에게 일을 소개해 주고 있었던 것이다. 비록 친화력은 없지만 일을 꼼꼼히 하는 성격 탓에 그와 한 번 일해 본 사람들은 그에게 지속적으로 일을 주었다. 결국 황인철 씨는 2명의 친구를 통해 많은 인간관계를 형성하게 된 것이다.

이처럼 자신에게 여러 사람을 사귈 만한 친화력이 없다면 친화력을 갖고 있는 친구 몇 사람과의 유대관계를 꾸준히 가져라. 여러 사람과 인간관계를 맺어 인맥으로 활용하는 것도 중요하다. 하지만 인맥을 더욱 확장하고 싶은 사람이라면 자신이 상대하는 사람이 어떤 인간관계에서 어떤 영향력을 미치고 있는지 알아둘 필요가 있다.

인맥관리 스킬 노하우

　그렇게 한다면 그 친구들의 인맥을 자신의 인맥으로 활용할 수 있는 계기가 될 것이다. 더욱 폭넓은 인맥을 구성하고 싶은 사람, 인맥이 없어서 고민하는 사람…… 이런 사람들은 우선 풍부한 인맥을 가진 사람들과 접촉하도록 하는 것도 좋은 방법 중의 하나임을 명심하도록 하자.

06

취업 면접도
인맥 만들기의 일환이다

얼마 전 SK커뮤니케이션즈에 입사한 L씨는 '자기 홍보의 달인'이다. 최종 면접시험 때는 주몽의 머리끈을 질끈 묶고 들어가 "저는 SK커뮤니케이션즈의 주몽이 될 인재입니다"라고 했는가 하면, 그보다 앞선 인턴사원 면접 때는 'S'자가 쓰인 종이를 걸고 들어가 "회사가 어려울 때 회사가 의지해 마지않는 슈퍼맨 같은 사원이 되겠다"고 말해 면접관을 집중시켰다.

"사람들이 모두 알고 있는 캐릭터에 자신을 투영시켜 소개하는 방법이 가장 쉬우면서도 강한 인상을 남기니까요"라고 말하는 L씨는 현재 용인에서 신입사원 연수 중이며, 제2의 자기홍보전략을 구

인맥관리 스킬 노하우

상 중이다. 또 그는 "1차가 튀는 전략이었다면 2차는 로댕의 '생각하는 사람' 스타일로 진지함과 전문성을 구사해 볼 생각입니다"라고 말했다.

주로 매년 1~2월에는 회사에 갓 취업한 신입사원들의 오리엔테이션 연수와 대학 신입생들을 위한 오리엔테이션이 열린다. 일명 '오티(OT)'의 하이라이트는 뭐니 뭐니 해도 자기소개 시간. 그런데 생면부지인 선배들 앞에서, 그것도 짧은 시간에 강렬한 인상을 남기며 자신을 소개하는 일은 만만하거나 호락호락하지 않다.

커뮤니케이션클리닉의 K원장은 "자신을 상품처럼 브랜드화하는 전략이 필요하다"고 강조한다. "개그맨의 유행어처럼 자신만의 슬로건을 만드세요. '기획팀 아무개'가 아니라 '기획의 달인 아무개', '끝장을 보고야 마는 영업사원 아무개' 하는 식으로 말입니다."

《유머의 힘》의 저자이자 광고회사의 기획팀장인 최종선 씨는 "자기를 소개할 때 유머만큼 확실한 방법도 없지만 그만큼 실패할 확률도 높다"고 충고한다.

"일단 웃겨야 한다는 강박을 버리세요. 두려움만 버리면 훨씬 쉬

워집니다. 나를 부각시킬 소재는 많으니까."

K대학 신입생 환영회 때, "나는 노래도 못하고 웃기는 재주도 없으니 내가 할 수 있는 유일한 능력을 보여 주겠다"던 남학생은 갑자기 몸을 엎드린 채 순식간에 팔굽혀펴기 100개를 해내 폭소와 함께 큰 박수를 받았다고 한다.

어느 신학대학의 한 신입생은 가수 박진영의 노래 '허니'에서 '허니'를 죄다 '예수님'으로 바꿔 불러 화제를 모았다.

또한 자신의 이름이나 별명을 활용할 수도 있다. 대학생 K씨는 독특한 이름으로 승부를 걸었다. "'수' 자 돌림인데 영수, 철수 같은 흔한 이름은 싫어 작명소에 갔지요. 그런데 조수, 벽수 같은 이름만 불러댑니다. 결국 할머니가 '욱' 해서 제 이름이 됐습니다." 당연 폭소가 터졌다.

최종선 씨는 "이야기 자체가 웃긴 것보다는 익살스런 표정, 몸동작으로 재미있게 포장하는 게 더 강한 인상을 심는다"고 말한다.

특히 신입사원의 경우 대학 신입생과는 분위기가 다르니 주의해야 한다. 정도가 심하면 '가벼운 사람'으로 오해받을 소지가 있다. 이럴 땐 자신이 몸담게 될 회사의 특성에 유머감각을 적절히 결합해 자기소개를 하면 효과적이다. 농약을 제조하는 화학회사에 입사했다면 병충해와 관련된 유머를 수집해 사용하면 된다.

인맥관리 스킬 노하우

노래와 춤, 성대모사 등을 하기로 결정했다면 미리 치열한 연습을 해 둬야 한다. 매우 잘하거나 아주 못하면 효과가 있지만, 평범하거나 어설프면 오히려 불쾌감만 안겨준다. 성대모사는 유명인보다 주변인을 선택하라는 것이 최종선 씨의 조언이다. "오리엔테이션, 혹은 연수 기간에 만난 무서운 조교나 엄한 상사의 말투, 제스처, 걸음걸이를 그럴싸하게 흉내 내면 백발백중입니다. 당사자를 앞으로 불러내서 하면 효과가 더 크지요."

원맨쇼는 도저히 안 되겠다면, 종이차트나 파워포인트 등 시각자료를 활용해 보자. 자기를 소개하는 글과 어린 시절부터 성장해 온 사진 파노라마, 그래픽으로 풍부하게 작성한 시각자료를 한 장 한 장 넘기며 보여 주면 이목 집중은 떼놓은 당상. 이때 말은 한마디도 해서는 안 된다. 물론 자기가 먼저 키득키득 웃어서도 안 된다.

자기 홍보는 오리엔테이션에서만으로 그쳐서는 안 되며 신입사원이라는 꼬리표가 붙는 1년 내내 신경써야 할 부분이다. 커뮤니케이션클리닉의 K원장은 회식자리에서 활용할 수 있는 '원 포인트 레슨' 방식을 알려줬다. "꿔다 놓은 보릿자루처럼 앉아 있거나, 반대로 너무 튀는 행동만 하는 것도 그다지 좋은 인상을 심어 주지 않습니다. 직속 상사, 실무 책임자에게 일에 대한 궁금증부터 삶의 지혜에 이르기까지 질문을 던지는 것도 좋습니다. 어느 직장이든 배우려는 열정을 지닌 사원을 신뢰하기 마련이니까요. 그리고 어른에 대한 기본 예의도 잊지 말아야 합니다. 튀어 보겠다고 회식자리 상석에 먼저 자리 잡고 앉는 신입사원은 능력이 아무리 뛰어나더라도 눈살을 찌푸리게 하지요."

인맥관리 스킬 노하우

07

글로벌 인맥을 만들자

K씨는 2006년 5월에 유엔개발계획(UNDP) 산하 유엔봉사단(UNV) 채용시험에 합격했다. 세계 각국에서 지원자들이 몰려들어 진입장벽이 높기로 유명한 국제기구에 당당하게 취업하게 된 데는 그녀의 국제인맥이 큰 힘을 발휘했다. K씨는 연세대 국제대학원 재학 중이던 2005년 코소보 유엔개발계획 사무소에서 인턴으로 일할 때 타리조(Daniela Tarrizo) 사무관의 지도를 받았다. 이후 두 사람은 절친하게 지냈고, K씨는 국제기구에서 일하는 꿈을 이루게 됐다고 한다.

K씨가 귀국 후 유엔봉사단에 지원할 뜻을 밝히자 타리조 씨는 선

뜻 추천서를 써줬다. K씨는 "국제인맥이 이렇게 큰 힘을 발휘할 줄은 몰랐다"며 "타리조 씨 덕분에 분쟁지역 소재 국제기구 직원으로 일하고 싶었던 꿈을 이루게 됐다"고 말했다. 국내에서 취업문이 막히자, 해외취업을 준비하는 대학생들 사이에 국제인맥 쌓기 붐이 일고 있다. 재학 중에 해외인턴 등의 기회를 활용해 외국인들과 친분을 쌓는가 하면, 대학 내 국제 동아리를 이용해 국제인맥을 구축하는 학생들이 늘고 있다.

대한항공 자재부에 근무하고 있는 황환민 씨는 한국외대 재학 중이던 2004년 대한항공 뉴욕지사에서 6개월간 인턴으로 일했다. 황 씨는 현지에서 유대인 변호사 바흐(Daniel Bach) 씨에게 한국어를 가르친 적이 있는데, 그의 추천서가 80대 1의 경쟁률을 뚫고 대한항공에 취업하는 데 도움이 됐다.

예로 취업 포털사이트 '리쿠르트'에서는 2005년부터 매달 5~6명의 해외인턴을 보내고 있는데, 경쟁률은 5대 1에 이른다. 해외인턴을 지원하는 대학연합동아리 '아이섹(AIESEC)'에도 고려대, 성균관대 등 12개 대학 700여 명의 학생들이 참여하고 있다고 한다.

한국국제협력단(KOICA) 경제개발부에서 일하고 있는 김영우 씨는 '카자흐스탄 소식통'으로 통한다. 대학 시절 카자흐스탄에서 태권도를 가르치는 국제봉사활동을 한 것을 계기로 카자흐스탄 현지

인맥관리 스킬 노하우

인들과 인맥을 쌓았다. 이 점을 인정받아 그는 "나중에 구(舊)소련 지역의 개발업무를 맡는 기회가 오면 카자흐스탄의 인맥을 활용할 수 있을 것"이라고 말했다.

연세대 생물학과에 재학 중인 L씨는 2003년 3월 국제교류동아리 멘토스(MENTOS) MT에 참여했다. 경기도 가평의 한 민박집에서 세계 각국의 교환학생 60여 명이 모여 고기를 구워 먹으며 친목을 다졌고 토론을 했다. L씨는 "이곳에 온 교환학생들을 모두 친구로 만들어 나중에 국제사회에 진출할 때 서로 도움을 주고받겠다"고 말했다. 이 동아리는 이번에 신입회원 20명을 뽑는 데 100여 명이 몰릴 정도로 경쟁률이 치열했다.

국제 경영동아리 사이프(SIFE)는 2004년 6개 학교에서 시작됐지만 현재 16개 학교 400여 명이 참여 중이다. 이 밖에 한일학생포럼, 오발 코리아(OVAL KOREA) 같은 다양한 국제교류동아리가 활발하게 운영되고 있다. 또한 K씨는 '한국 대학생 정치외교연구회' 회장으로 활동하면서 미국의 주요 인사들과 친분을 쌓았다.

스콧 스나이더 아시아재단 상임 연구원은 김씨의 논문을 지도해 주었고, 리언 러포트 전 주한미군 사령관과는 이메일로 안부를 주고받는다. 김씨는 "한미관계를 잘 이해하기 위해 미국의 고위층과 인사교류는 필수"라며 "이 인맥을 자산으로 외교무대에서 활동하고 싶다"고 말했다.

서울대 경력개발센터 유현실 전문위원은 "해외인턴 등 국제활동을 한 학생들의 취업률이 매우 높은 편"이라며 "한국에 있는 외국계 기업인사 담당자들도 '국제적인 감각과 인맥을 갖춘 학생들을 추천해 달라'는 주문을 많이 한다"고 말하고 있다.

08

인생의 계획표를
만들어라

요즘 젊은이들은 꿈이 없다고 말한다. 즉 되고 싶은 꿈이라고 해봐야 기껏 텔레비전에 나오는 모델이나 연예인 정도거나 손쉽게 잡을 수 있는 직업이 대부분인데 그것도 자신이 진정 원하는 것인지 의심스러운 경우가 많다.

"뭐, 되는 대로 그럭저럭 사는 거죠." 얼굴색 하나 변하지 않고 이렇게 말하는 20, 30대를 보면, 도대체 머릿속에는 무엇이 들어 있는지 의심스런 기분이 들 때가 많다.

물론 20, 30대 때에는 세상의 모든 것이 막연하게 보일 수 있다. 상당수는 명확히 손에 잡히는 것이라고는 아무것도 없다고 말한다.

그런데 생각을 해봐라. 보통 수준의 가정에서, 보통사람의 부모를 둔 20, 30대가 자신이 잡고자 하는 명확한 것을 모두 손에 쥐고 있다는 게 말이 되는가? 더구나 인간 평균 수명 80세에서 겨우 30% 정도도 채 안 살았는데 말이다. 20, 30대, 자신의 꿈을 위해 노력하기에 결코 늦은 나이가 아니다. 그런데 현재 자신의 신세를 한탄만 하고 있다는 것은 얼마나 허망한 일인가.

"현재 경영학을 전공하고 있지만, 워낙 취업하기 힘들어서, 하다 보면 어느 회사든 취직은 하겠죠." 이렇게 자기 인생을 남의 일인 양 태평하게 말하는 사람도 있다. "지금은 급한 대로 조그마한 회사에 다니고 있지만, 기회가 되면 장사라도 해야죠. 월급쟁이로 언제 돈을 모으겠어요. 무슨 장사를 할지는 좀 더 생각해 봐야죠"라고 말하기도 한다. 이렇게 결정을 뒤로 미룬 채 시간을 낭비하는 사람도 있다. "부모님한테 자금을 지원받아 조그만 편의점이나 PC방이라도 해 볼까 해요." 이렇게 자신의 인생을 철저하게 타인에게 의존하는 사람도 있다.

불행한 일은, 이렇게 자기 인생에 대한 확고한 스케줄을 갖고 있지 못한 사람은 제자리걸음인 채 20, 30대의 대부분을 허비하게 되고, 그렇게 젊음을 보낸 사람이 40, 50대가 된들 무슨 소득이 있을 것이며, 발전이 있겠는가.

노력 없이 아무런 결과도 기대할 수 없으며 성공된 인생은 더더욱 바랄 수가 없다. 20, 30대에는 자기 인생의 확실한 목표를 준비해 둬야 한다. 필자는 초등학교 시절에 선생님으로부터 받았던 일주일 시간표를 기억하고 있다.

월요일에는 무슨 과목 어느 수업을 받는다, 화요일은 어떻고, 수요일은 어떻고…… 하는 계획표말이다. 그렇게 정해진 시간표대로 공부를 했기 때문에 지금의 내가 있고 당신이 있다.

40, 50대가 되면 무엇을 하고 무엇은 하지 않겠다는 명확한 시간표를 정해 놓은 사람과 그렇지 못한 사람과의 차이는 엄청나다. 되는 대로 젊음을 살았던 사람은 자기의지라고는 전혀 없는, 될 대로 되고 마는 인생이 될 것이다.

너무도 막연해 마치 안개 속에 들어가 있는 듯한 20대 인생일지라도 자신이 가고자 하는 길과 자신이 추구하는 목표지점은 확실히 정해 놓아야 한다.

그런 시간표를 짜기 위해, 당장 한 자루의 볼펜과 한 장의 종이를 준비하도록 하자. 남들이 그 목표가 허황되다고 비웃을지라도, 그런 목표가 있는 한 당신의 젊음은 결코 허황된 것이 아니다.

09

직장인 동호회를 활용하라

중소기업에 근무하던 박현기 씨는 최근 외국계 기업으로 직장을 옮겼다. 학교 재학 중에도 외국계 회사에 입사하기 위해 취업준비를 했으나 명문대학 출신이 아닌 그에게는 서류면접 통과조차도 하늘의 별따기 만큼이나 어려운 일이었다. 그러던 그가 이직에 성공할 수 있었던 것은 지난해 가입한 직장인 영어동호회 덕분이었다. 동호회에서 친하게 지내던 회원이 외국계 기업의 한국지사장을 맡게 되면서 매사에 열정적인 모습인 그의 모습을 주시하던 중 그를 특별 채용한 것이다.

인맥관리 스킬 노하우

최근 들어 이처럼 동호회로 맺은 인연을 통해 재취업하거나 이직에 성공하는 직장인이 늘고 있다. 직장인들은 온 - 오프라인 교류를 맺는 동호회를 통해 분야별 최신 정보를 얻을 수 있다. 또 동호회 활동으로 맺은 네트워크에 의해 곧바로 새 직장을 찾는 경우도 많아지고 있다.

모 컨설팅사업 본부장은 "많은 기업이 수시채용과 사원추천제를 도입함에 따라 동호회는 성공 취업 및 전직을 위한 길잡이 역할을 하고 있다"고 말했다.

특히 동호회 분야는 직문, 취미, 업종, 지역, 연령 등 다양해지고 있다. 이중 활동이 왕성한 몇몇 동호회의 경우 해당 직업의 인재풀 역할을 하면서 헤드헌팅 업체들이 직접 접촉할 정도다. 예를 들어 외국계 기업에 근무하고 있다면 'KOFEN'에 가입하면 좋다. 주한 외국기업에 근무하는 회원들 간에 친목과 정보교류를 목적으로 설립된 이 커뮤니티는 외국기업에 관한 최신 정보와 동향이 수시로 올라오고 있다. 연령대도 20~30대의 실무급에서 40~50대의 임원급에 이르기까지 다양하다. 따라서 외국계 기업에 다니고 있거나 관심이 있는 직장인, 대학생들이 회원으로 가입하면 효과적이다.

또한 직종별 커뮤니티에 가입하는 것도 도움이 된다. 예컨대 'HRPA'는 HR(인사) 분야에서 전문가가 되고자 하는 직장인들에게 좋다. 이 모임의 홈페이지에는 인사 관련 정보가 풍부하며, 정기적인 오프라인 세미나를 통해 인사관리 시스템 구축이나 경력개발 프로그램 설계 등에 대해 공부하고 있다.

특히, 전·현직 은행원 커뮤니티인 '뱅크아지트'나 기술영업 및 정보기술(IT) 관련 직장인들의 모임인 'NRC 기술영업 모임'도 활성화돼 있다. 보험영업 담당자 모임인 '보험나라'도 있다. 헤드헌팅 업체의 한 사장은 "여러 동호회에 이름을 걸어놓고 소극적으로 활동하기보다는 자신의 성향과 적성에 맞는 한두 개의 동호회를 택해 적극적으로 참여하는 것이 네트워크 형성에 도움이 된다"고 말했다.

기업별 동호회는 현재 재직 중인 사람들끼리 모이거나 퇴사한 사람들이 모임을 갖는 것이 일반적이다. 교보생명에 다니는 전·현직 직원들의 모임인 '교우회'는 회원들의 창업·재취업에 적극 나서고 있으며, 각종 경조사를 챙긴다. 전직 대표이사 출신으로 구성된 OB모임으로는 '삼성오비닷컴'이 유명하다. 이 모임은 현직 삼성 CEO들과의 정기적인 만남을 통해 경영에 대한 조언을 나누고, 삼성에서 5년 이상 경력을 쌓은 사람들의 리스트를 모아 헤드헌팅 사업도 펼치고 있다. 삼성오비닷컴에서는 한달에도 10여 건 이상 채용공고가 올라온다. 또한 대우에서 함께 생활했던 직장인들의 모임인 '대우러브'도 있다.

그리고 취미 관련 동호회도 많다. 프리챌에서 활동하는 '직장인 취미밴드'의 게시판에는 "음악을 일만큼 사랑하는 직장인들의 뽑는다"는 신입회원의 모집공고가 자주 걸린다. 프리챌 김재인 대리는 "자신이 좋아하는 취미모임에 가입해 열심히 활동하다 보면 이직의 기회가 생기는 경우가 많다"고 한다.

이밖에 직장인 사진 동호회, 인라인 동호회, 야구 동호회, 보드 동호회 등 다양한 동호회가 활동하고 있다.

또한 시간과 비용 때문에 오프라인 모임이 부담스럽다면 인터넷을 이용해 간편하게 인맥을 관리할 수 있다. 인쿠르트가 제공하는 온라인 인맥관리 서비스 '명함(www.nugu.com)'은 명함을 온라인으로 전환한 것이다. 온라인 명함에 자신의 직장과 업무경력, 특기 등 다양한 내용을 수록할 수 있다.

또 직종, 학교, 지역 등 각종 조건을 입력하면 다른 회원 명함을 검색할 수 있도록 돼 있다. NHN이 운영하는 인맥관리 사이트인 '플랜훗(www.planhood.com)'은 바뀐 번호나 주소를 일일이 전화나 e-메일로 통보할 필요 없이 클릭 한 번으로 특정 부류의 지인들에게 자신의 신상변동 사항을 알려주고 있다.

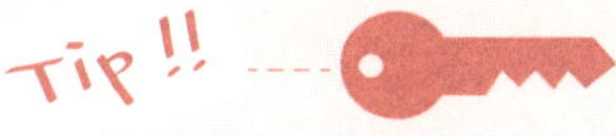

주요 직장인 동호회

	성 격	이 름	홈페이지
기업별	외국계 기업인 모임	KOFEN	www.koten.org
	교보인 모임	교우회	www.kyoboin.co.kr
	삼성퇴사자 모임	삼성오비닷컴	www.samsungob.com
	대우인 모임	대우러브	daewoolove.com
직무별	HR담당자 모임	HRPA	www.hrpa.co.kr
	은행원 모임	뱅크아지트	www.bankazit.com
	기술영업담당자 모임	NRC	home.freechal.com/nrcmanager/2.asp
	보험영업담당자 모임	보험나라	www.bohumnala.co.kr
취미별	밴드 동호회	직장인취미밴드	www.freechal.com/hobbyband
	사진 동호회	포커스	www.focusclub.co.kr
	인라인 동호회	TIZ	www.tiz.or.kr
	야구 동호회	KAC애플스	www.kac.pe.kr
	보드 동호회	J.O.B	cafe.daum.net/joyofboarding

자료 : 커리어(www.career.co.kr)

교제범위를 넓혀라

누구를 막론하고 인간은 선호의 본능을 갖고 있다. 이와 같이 좋아하는 감정은 다분히 주관적이어서 자신의 편견이나 선입관에 의해서 작용되기 쉽다. '마음에 맞는다', '서로 통한다', '이야기를 나누고 싶다' 등의 감정은 모두 이 선호의 본능에 의해서 생겨난 것이다. 따라서 어쩔 수 없이 우리는 먼저 교제의 틀을 만들게 되고 교제범위를 그 틀에 맞춰 선택하곤 한다.

각 회사마다 유유상종의 분위기가 있을 것이다. 하다못해 점심식사 한 끼를 하는 데도 마음이 내키지 않는 사람, 또는 무시하는 사람과는 함께하지 않으려는 것이 직장인인 당신이 겪고 있는 현실일 수도 있다. 또한 '부장은 나보다 저 친구를 좋아하니까' 하는 선입견에 사로잡혀 부장과 터놓고 대화시도조차 하지 않으려 한다.

그러나 인간관계의 교제는 종적으로만 맺어지는 것이 아니라 횡적으로도 연결돼 있다는 사실을 잊어서는 안 된다. '적의 친구는 적'이고 '적의 적은 친구'라는 냉엄한 사회구조를 이해할 필요가 있다. 20~30대 당신은 한 사람과의 교제를 상실함에 따라 동시에 여러 사람과의 교제 가능성을 스스로 봉쇄해 버리는 어리석은 처세를 가져서는 곤란하다. 우리 사회는 기본적으로 학연과 지연, 혈연을 중시하는 구조적 특성을 지니고 있어 교제하기도 전에 우호적인 상대와 비우호적인 상대를 규정해 버린다. 동창이면 먼저 반갑고, 출신이 다르면 경계하게 되는 것도 선호의 감정에 의한 선입견 때문이다.

따라서 종횡으로 연결된 지금의 이런 인간관계에서 당신은 아마도 이처럼 복잡하게 연결된 인간관계의 피해자는 아닌가 생각해 볼 필요가 있다.

그리고 때로는 전혀 안면조차 없는 상대가 당신을 무시하거나 불쾌한 감정으로 대하는 경우도 있을 것이다. 출신지가 다르다고 해서 출세나 발탁에서 지장을 받고 있다는 느낌이 드는 경우도 있을 것이다. 어느 지역 출신이 득세를 하고, K사 하면 어느 지역 출신이

인맥관리 스킬 노하우

라야만 한다는 식의 평판을 들은 적도 있을 것이다. 개인주의가 팽배한 서구사회에서도 이런 지연과 학연은 어느 정도 작용된다. 그러나 성공자는 다르다. 이렇듯 종횡으로 연결된 인간관계의 매듭을 그들은 지혜롭게 풀어나간다.

따라서 성공자는 결코 교제의 틀을 만들어 두지 않는다. 교제의 범위를 규격화해 자신의 편견이나 선입견에 따라 여과시키지 않는다. 그들은 언제나 마음을 열어 두고 인맥을 만드는 것이 성공자의 비결이다. 제한된 교제는 성장이 정지된 상태를 만들어 놓는다. 보다 바람직한 교제는 선호의 감정이 개입되지 않은 진정한 마음가짐에서 비롯된다는 사실을 인식해야 한다.

그러므로 20~30대인 당신의 인맥구축은 많은 사람과의 격의 없는 대화를 통해서 언제나 타인을 환영하고 기꺼이 받아들이려는 자세가 되지 않으면 안 된다.

11

대범한 사람이 신뢰받는다

사회생활을 하다 보면 이른바 '귀가 얇은 사람'이 있고 '입이 가벼운 사람'이 있는가 하면 '두뇌회전이 빨라 몸을 쉽게 움직이는 사람'이 있다. 남의 소문에 예민하다든가 헛소문을 만들어 낸다든가 오늘은 이 사람, 내일은 저 사람 하는 식으로 사람을 쉽게 사귀고 쉽게 버리는 기회주의 처세를 하는 타입의 인간을 말한다.

특히 직장이란 조직은 개인의 행동 패턴에 따라 출세의 성패를 좌우함으로 인해 각자의 대인관계가 곧 하나의 뚜렷한 개성을 보이게 되는데, 앞서 소개한 이런 자잘한 사람이 성공하는 경우는 매우 드물다.

따라서 "그 친구는 입이 가볍다", "소문을 잘 퍼뜨린다"는 평판을 듣게 되면 당신의 인간관계는 매우 잘못 경영되고 있다는 증거이다.

무엇보다 신중한 인간관계를 맺어라. 한두 마디의 소문으로 대인관계를 판단해서는 안 된다. 상대가 저지른 한 번의 실수로 상대를 외면하거나 무시해서도 안 된다. 이때는 신중한 자세로 상대의 내면을 읽을 수 있는 지혜가 요구된다. 발상은 빠르되 신중한 인간관계의 비결을 터득해야 한다.

어떤 조직이든 조직은 언제나 큰 변화에 의해서 이끌려 간다. 조직의 이런 변화는 당신과 당신의 동료, 상사가 엮어내는 하나의 작품이다. 여기에서는 사소한 잔재주나 소문이 단지 대화거리는 될지 모르나 조직의 흐름 자체를 바꾸지는 못한다,

20~30대 젊은 사원들이 종종 저지르는 실수 가운데 하나로 이런 소심함이 눈에 띈다. "부장은 어떠어떠한 스타일을 좋아한다"는 식의 말을 들으면 상사의 환심을 사기 위해 간사스런 행동을 하는 사람도 있다. 만일 상사가 자기의 절친한 친구를 도외시한다면 자기조차 그 친구를 멀리하는 사람도 있다.

따라서 대범함이야말로 인간관계를 굳건히 뿌리내리게 하는 힘이다. 두둑한 배짱으로 인맥을 맺어라. 인간관계는 당신의 인생에서 어떤 투자보다도 부가가치가 높은 투자다. 장래가 불투명하다고

해서 당신은 가장 중요한 순간에 투자액을 거두어 버릴 수는 없는 일이다. 경우에 따라서는 당신이 무시하고 싶은 사람이 당신을 위해 어떤 도움을 줄지도 모른다. 투자의 옳고 그름에 대한 판단이 쉽지 않듯 사람을 판단하는 일도 쉽지 않은 것이다.

당신 곁에는 선택을 해야 할 사람보다 당신 스스로가 선택받아야 할 사람이 더 많다는 사실을 자각하라. 이제부터는 회사에서 선택받는 자만이 성공인의 대열에 들어갈 수가 있다. 당신은 무게 있게 그 선택의 기회를 인내하며 기다려야 한다.

비록 당신에게 불리한 고문이라고 해도 경거망동해서는 안 된다. 인간사회에서 빚어지는 인간관계의 대다수는 와전과 오해가 대부분이다.

이와 같은 불편한 장애물을 제거하기 위해 당신은 입이 무거운 사람이 돼야 하며, 귀가 두터운 사람이 돼야 한다. 그리고 당신은 누구든지 믿고 신뢰하며 인맥을 맺을 수 있는 사람이 돼야 한다.

인맥관리 스킬 노하우

12

인맥창조에
변화의 바람이 분다

얼마 전 신촌 연세대 근처의 한 바(bar)에서 파티가 열렸다. 이름은 '파티'지만 요즘 젊은 세대들의 파티처럼 귀를 찢는 음악도, 현란한 조명도 없다. 다만 지정된 드레스코드에 맞춰 검은 옷을 차려입은 20여 명이 서너 명씩 그룹을 지어 둘러선 채로 와인 잔을 들고 자유롭게 이야기를 나눌 뿐이다. 이른바 '스탠딩 파티'다. 시간이 흐르면서 와인 효과가 조금씩 나타나자 다소 어색하던 분위기가 한결 자연스러워진다. 음악 리듬에 맞춰 조금씩 몸을 흔들기도 한다. 더러는 화제가 동났는지 조용히 혼자 담배를 꺼내 물고 있는 사람도 있다. 이날 파티의 주제는 바로

'인맥 넓히기'였다. 이때의 참석자들은 엔지니어, 의대생, 공무원부터 NGO의 북한인권 분야에서 활동하고 있는 탈북자 출신 청년까지 다양한 사람들이 모였다.

파티 참석자들에게는 한 가지씩 '미션'이 주어진다. 다음번 파티 때는 친구 중에 검증된 사람을 한 명씩 데려오는 것이다. 산술적으로 보면 파티 규모는 매번 두 배씩 늘어나고 그만큼 인맥이 다양해지고 두터워지는 셈이다.

이날 신촌 파티도 처음에는 네댓 명으로 시작했지만 몇 번의 모임을 거치는 동안 금세 20여 명으로 불어났다. 같이 방송국 인턴을 했던 친구, 드라마 동호회에서 만난 언니, 남자친구, 초등학교 동창 등 다양한 연결고리로 인맥의 영역을 넓혀 갈 수 있게 됐다. 다음번 파티 때는 40명가량으로 불어날 것이다. "우리 꼭 피라미드회사 같아!" 누군가 던진 농담에 웃음꽃이 핀다.

이런 유형의 파티는 최근 20대 중반에서 30대 초반 젊은이들 사이에서 급속도로 확산되는 추세다.

① 고위층 자녀들의 인맥 넓히기

재벌 2세나 유명인사 자녀들도 파티문화가 가미된 인맥관리를 한다. 다만 구심점이 다르다. 최근엔 부유층의 재산관리를 담당하는 프라이빗뱅커(PB)들이 고객서비스의 일환으로 고객 자녀들의 만남을 주선하는 사례도 잦다. 모 은행 PB의 경우 고객 자녀들이 모이는 사교클럽을 운영한다. 처음 시작 당시에는 소수의 모임이었지만 회원수가 꾸준히 늘어 어느덧 100명을 넘었다. 이 모임은 자녀의 인맥을 형성해 주고 싶은 부유층 부모들의 욕구를 충족시켜 주는 동시에 고객관리 및 유치에 한몫을 단단히 한다.

사교클럽 모임에 활발하게 참여하는 이대철 씨는 "성장환경이 비슷한 사람들끼리 만날 수 있어 이야기가 잘 통한다"고 했다.

② 특수모임을 통한 인맥 넓히기

외국계 회사에 다니고 있는 L씨는 최근 재미있는 일을 겪었다. 친구를 따라 참석했던 '인맥파티'에서 3년 전 박물관 통역자원봉사를 할 때 알고 지내던 동생을 만난 것이다.

"어쩐지 낯이 익더라고요. 알고 보니 박물관에서 봉사활동할 때 친하게 지내던 동생이었는데, 이 친구가 연수 나가면서 연락이 끊겼어요. 이렇게 다시 연이 닿으니 신기하네요."

국립중앙박물관 자원봉사에는 오랜만에 한국에 돌아온 외교관의 자녀나 예체능 전공 대학생 등 우리 문화에 관심이 많은 사람들이 주를 이룬다. 서로 친분을 쌓아 계속 연락하고 있는 이들 중에는 박물관이 좋아서 고고미술사학을 공부하러 유학을 떠난 사람도 있다. 유학 스터디그룹을 결성해 같이 공부하고 정보를 교환하고 있다. 봉사자들끼리 사이가 돈독하다는 입소문이 나서인지 용산 이전 이후에는 봉사자가 넘쳐난다고 한다.

③ 인턴제도를 통한 인맥 넓히기

인맥 넓히기에 있어 인턴십도 빼놓을 수 없다. 함께 인턴 시절을 겪은 동기를 다른 회사에서 다시 만나는 일도 있다. 목표가 비슷한 사람들을 만나 관계를 계속 유지하면 좋은 기회를 잡을 수도 있다.

지난해 5월 미국 라디오방송국 어시스턴트로 채용된 S씨도 인턴십을 통해 채용의 길이 열린 사례다.

S씨는 같이 신문사 인턴을 하며 친해진 동생의 추천으로 미국 라디오방송국에 인턴으로 일하게 됐다. S씨의 성실함을 눈여겨본 지국장은 정규 어시스턴트가 사표를 내자 주저 없이 그녀를 채용했다.

젊은이들의 인맥관리는 '미래의 여성 CEO, ○○○' 하는 식으로 명함을 만들어 자신을 홍보하는 등 '언제 술 한 잔 하자'는 식의 기성세대와 확실히 다르다.

여기에 인맥을 중시하는 젊은 세대의 트렌드가 더해진 것이다. 특히 최근 들어 취업문이 좁아지면서 경력과 인맥의 중요성을 깨달

인맥관리 스킬 노하우

은 젊은이들이 다양한 분야 사람들과 안면을 터놓으려는 경향이 합쳐진 복합문화다.

"파티는 인맥을 형성할 뿐 아니라 어떤 장소에서 어떤 사람을 만나 어떻게 친해질지, 필요한 이때 매너와 어필방법 등을 훈련할 수 있는 기회"가 되고 있다.

몇 년 전 처음 파티문화가 퍼지기 시작했을 때는 초대장에 기본적 매너·화법 등에 대한 '당부사항'을 넣어야 했지만 요즘은 분위기에 자연스럽게 따라갈 수 있을 정도로 파티문화가 업그레이드됐다. 심지어 기업 인사담당자가 파티에서 사람들과 잘 어울리는 참석자를 눈여겨보고 자기 회사로 스카우트하는 일도 종종 있다.

♀ 인맥을 넓히는 사자성어

백낙일고(伯樂一顧)

명마(名馬)도 백낙(伯樂)을 만나야 세상에 알려진다는 뜻으로, 재능 있는 사람도 그 재주를 알아 주는사람을 만나야 빛을 발한다는 말이다.

Chapter 3

인맥은 좋은 사람에게 모이는 법

먼저 베푸는
사람이 되라

당신은 바쁜 동료의 업무를 자발적으로 도와준 경험이 있는가? 그들이 요청하기 전에 상대의 어려움을 이해하고 도우려는 자세를 가져 본 적이 있는가? 인간관계를 성공으로 이끌고 싶다면 남을 돕는 습관 기르기를 원칙으로 삼아라.

윈스턴 처칠(Winston Churchill)은 강물에 빠진 자신을 구해 준 무명의 시골청년 알렉산더 플레밍(Alexander Fleming)에게 의사로서 교육받을 기회를 주었다. 후에 의사가 된 플레밍은 페니실린을 발견하였고, 제2차 세계대전 중 폐렴에 걸려 죽음을 눈앞에 둔 처칠을

치료해 주었다. 윈스턴 처칠과 알렉산더 플레밍의 인간관계를 우연으로 볼 수만 있을까?

앤드류 카네기(Andrew Carnegie)는 가난한 청년이었다. 그는 배움의 기회를 얻기 위해 도서관을 찾아다녔다. 그때 앤더슨 소령이 희사한 도서관에서 많은 지식을 얻게 되었다. 카네기는 앤더슨 소령의 호의를 간직하여 미국 전역에 수많은 도서관을 설립했다고 한다.

상대의 호의에 감사를 표하고 은혜를 갚은 사례는 우리들 주위에서 흔히 볼 수 있다. 따라서 앞으로 폭넓은 교제와 인맥을 쌓아 가야만 하는 20~30대는 인간관계를 지혜롭게 하는 이런 원칙을 잊어서는 안 된다.

인간관계란 비즈니스가 아니다. 이해관계를 계산에 의해 맺으려해서는 안 된다. 인간관계란 서로 마음에 간직된 진실어린 마음을 교환하는 것이다. 그러면서도 당신의 것을 먼저 베풀려는 배려의 자세를 갖추어야 한다.

현재는 사업가로 변신한 언론인 출신 K씨도 인간관계를 잘 이끈 덕분에 전혀 백지였던 기계부품공장의 경영자가 되었다. 그는 지난날 한 기계전문가를 방송에 섭외한 일이 있었다. 당시 기계전문가는 자신이 고안한 기계가 사회의 인정을 받지 못하던 차에 K씨가 담당하던 프로그램에 출연하여 자신의 고안품을 소개할 수 있었던 것이다. K씨는 기계 분야의 호기심 때문에 그런 기회를 만든 것이 아니었다. 그는 기계전문가를 소개받을 때부터 그의 강한 열의를 신뢰하게 되었던 것이다. 그 후 두 사람은 사이좋게 공동의 사업을 펼쳐 나갔다.

인간관계는 바로 당신을 세일즈하는 기술인 동시에 당신의 성공 기회와 여건을 조성해 주는 열쇠다. 만남의 기회를 우연으로 돌리지 말자. 우리의 만남은 그 하나하나가 모두 필연으로 연결된다. 남의 협조를 바라기 전에 먼저 남에게 이익을 주는 적극적 교제의 달인이 되어야 한다. 따라서 받기보다 베푸는 데 우선하고 결코 당신이 준 것 이상의 것을 바라지 말아야 한다.

세상에는 조건부로 해서 맺어지는 인간관계는 있으나 베풀지 않고 얻어지는 인맥은 없음을 기억하라.

02

타인의 인적 부가가치를
인정하라

옛말에 "세상에 버릴 사람은 없다"고 했다. 둥근 돌은 둥글기 때문에 쓸모가 있고, 모난 돌은 모가 나서 쓸모가 있다. 이는 곧 타인의 존재를 인정할 때 비로소 타인과 교제할 수 있고 부릴 수 있다는 처세의 요령이다.

우리는 흔히 인격과 인덕을 두루 갖추기를 원한다. 인격을 갖추어야 사람이 따르고, 인덕이 있어야 그들이 계속해서 자기 주변에 머물도록 할 수 있다. 그러나 실제로 인격과 인덕을 두루 갖추기는 어렵다. 인간의 판단이란 어디까지나 주관적인 기준이어서 누가 도움이 되고 또 해가 되는지를 잘못 평가할 경우가 많다.

인맥은 좋은 사람에게 모이는 법

이 세상에서 이익만 주는 사람을 찾기는 어렵다. 당장 현실적인 도움은 주지 못하더라도 앞으로 자기 인생에서 둘도 없는 교훈과 가르침을 주는 사람도 있는 것이다. 비록 그가 지금은 손해가 되고 있을지라도 말이다.

우리 주변에서 성공자로 대우받고 있는 사람들을 살펴보라. 그들은 수많은 사람들 사이에 있다. 그리고 직·간접적으로 많은 사람들의 힘을 얻고 있다. 자신의 능력을 타인의 힘과 결합시켜 성공의 길을 달리고 있는 것이다. 따라서 자기 주위에 사람이 없을 때는 성공의 기회가 그만큼 줄어든다. 인간은 많은 가능성과 잠재능력을 갖고 있다. 따라서 많은 사람들로부터 자극을 받고 정보를 얻어 나름의 성공 가능성을 키워 나가야 한다.

여러분은 이미 많은 사람들과 만나 왔다. 현재의 입장에서는 타인을 평가하는 데 급급해 할지도 모른다. 그러나 당신이 먼저 사람을 버려서는 안 된다.

성공은 냉엄하게 말해서 인간관계의 승리라고 말할 수 있다. 사람들로부터 외면당한다면 성공이란 불가능한 영역이다.

이해관계의 원리로 사람들을 평가해서는 안 된다. 오히려 당신 자신이 뭔가 남에게 더 많은 것을 줄 수 있다는 사실에 감사해야 한다. 인간관계는 연예인들처럼 인기만을 의식해서는 안 된다.

따라서 때로는 손해를 보더라도 그들을 당신의 사람으로 만들기 위해 노력해야 한다. 성공의 열쇠는 당신 내부에서 창조되는 것이 아니라 이른바 타인의 선물이다. 그들은 아무런 대가 없이 당신이 원하는 선물을 주지 않는다.

인간은 누구나 칭찬에 굶주려 있다. 그들을 찬사로 받아들일 여유를 가져야 한다. 비난을 충고와 조언으로 여겨라. 관심조차 두지 않는 타인의 이목을 집중시킬 수 있도록 적극적으로 행동해야 한다. 따라서 수많은 사람들로부터 당신의 존재를 확인받을 수 있는 데서 당신의 성공은 날개를 펼치기 시작할 것이다.

03

성장하는 사람에게로
인맥이 흐른다

새로운 인맥을 만들기 위한 핵심은 자신의 매력을 높이는 일에서부터 시작된다. 인간은 항상 성장해야 하며, 자신의 역량을 넓혀 나가야 한다. 그 자리에 멈춰 있는 것은 퇴보하는 것과 다름없다.

현대를 정보화사회라고 한다. 자리에 앉아 인터넷으로 어떤 정보든 손에 넣을 수 있다. 그러나 범람하는 정보가 항상 참은 아니다. 어떤 정보가 옳고 그른지, 어디까지 진실인지 판단하기 위해서는 더 많은 정보를 모으고 분석해 보지 않으면 안 된다. 정보가 넘쳐나기 때문에 정보를 파악하기 힘들다는 모순이 생긴다. 따라서 정보를 접할 때는 자신의 확고한 주관과 관점을 가지고 접근해야 하는 것이다.

이 시대에서 퇴보하지 않으려면, 다시 말해 자신의 역량을 넓히고, 확고한 주관과 관점을 갖추기 위해서는 무엇을 해야 할까? 첫째, 독서다. 독서를 함으로써 자신의 삶의 방향과 가치관을 정립시킬 수 있으며, 멘토로 삼은 책 속 큰 인물들을 닮아가기 위한 목표 설정을 할 수 있다. 둘째, 관찰이다. 이를 통해, 상황을 파악하거나 현상을 분석하는 힘을 기를 수 있다. 셋째, 여행이다. 여행은 세상에서 가장 좋은 스승이라는 말이 있다. 가정과 직장이라는 좁은 생활 영역 속에서 접할 수 있는 세상은 지극히 제한적이다.

자신의 삶의 영역을 넓히기 위한 방법으로 독서나 관찰은 내부적인 영역이지만 여행은 외부적인 영역이라고 할 수 있다. 특히 여행은 직장인으로서 결코 쉬운 일이 아니다. 우선 비용적인 면에서, 그리고 시간적인 면에서 제약이 따른다. 하지만 방법은 많다. 비용이나 시간, 그것은 핑계일 뿐 마음먹기에 달린 것 아니겠는가. 성공하는 사람들은 다른 사람들보다 여행을 많이 다닌다. 여행은 단순히 보고 즐기기 위해서가 아니라 시대를 앞서가기 위한 필수 조건이다.

열심히 일한다는 것만으로 되는 것이 아니다. 일, 다시 말해 사회 생활은 사람 사이에 있다. 다른 사람들과의 관계 속에서 자신의 입

인맥은 좋은 사람에게 모이는 법

지를 공고히 하기 위해서는 자기만의 재료가 있어야 한다. 그 재료는 많은 경험에서 나온다. 그 경험들과 넓은 시야는 당신 주위에 사람들을 잡아두기에 충분하다.

04

전화 한 통화로 하는 인맥관리 노하우

경영컨설턴트로서 유명한 K씨는 언젠가 TV에 출연해 "전화통화를 오래하는 친구, 서류 다발을 껴안고 있는 친구, 회의에 들어가 말 한마디 못하는 친구는 출세할 수 없다"고 강조한 적이 있었다. 그런데 이 중 두 가지는 맞지만 전화통화 이야기는 빗나간 발언이라고 생각한다.

여성들의 수다스러움이나 잡담투성이의 쓸데없이 긴 전화통화라면 수긍이 간다. 그러나 '출세' 라는 말이 있는 것을 보면, 직장인을 일컫는 게 분명하다.

세계는 지금 급변하고 있다. 교통정체는 만성화돼 있고, 대중교

인맥은 좋은 사람에게 모이는 법

통인 버스나 지하철도 편리하지만은 않다. 시간과 비용을 생각하면 전화만큼 편리한 문명의 이기도 없을 것이다. 또한 전화는 인맥의 폭을 넓혀 나가는 데 한몫을 단단히 한다.

낮에 만난 사람에게 그날 저녁 전화를 걸어 인사 한마디 할 여유가 없다면, 그 사람은 현대인으로서 낙제감이다. 그런 기회에 한걸음 더 발전된 인맥관계 형성의 계기를 만들어 두는 것도 직장인들의 바람직한 처세라고 볼 수 있다.

한 가지 사례를 더 들어 보자. 함께 술을 마시다 취한 상사를 자동차에 태워 부인에게 인계한 뒤 집으로 돌아왔다. 다음날 부인에게 전화를 걸어 "어젯밤 상무님께서 과음하셨는데 어떠십니까?"라는 정도의 가벼운 인사를 할 수 있어야 한다. 그때 부인에게 "언제 한번 놀러오세요"라는 말을 듣게 된다면, 이 한 통의 전화는 엄청난 가치를 불러오는 것이다.

인맥 만들기의 프로라면 전화통화는 어떻게 해야 할까?

매너 있는 전화예절은 사람의 마음을 얻는 방법 중 하나다. 전화를 할 때의 목소리는 밝고 따뜻해야 한다. 말을 할 때에도 상대방이 충분히 알아들을 수 있도록 편안하고 또박또박한 어투여야 한다. 들을 때도 역시 상대방의 말하는 내용에 대해 관심을 표현하는 것이 좋다. 만약 바쁠 때 전화를 걸거나 받게 될 때에도 상황을 간단하고 정중하게 설명하도록 하자. 전화를 끊을 때도 늘 하게 되는 인사보다 그 사람에 대한 사적인 표현을 해 준다.

그렇다면 반대의 경우, 즉 자기주장만 늘어놓고 실속이 없거나 전화통화 내용이 일방통행이라면 다른 사람의 마음을 얻지 못한다. 이들은 강연은커녕 회의에서 다른 사람의 공감을 살 만한 의견을 내지 못하며 다양한 업무를 생산적으로 처리하지 못한다고 판단해도 좋다.

05

때로는 인간적인 허점을 보여라

대부분의 사람들은 상대방에게 자신의 허점을 내보이는 것을 굴욕이라 여긴다. 허점을 보이면 상대방이 경시하거나 멸시할 것이라고 믿고 있기 때문에 그만 잘난 체해 버리는 것이다. 자신의 결점이나 나약함을 보이는 일이 자신의 식견까지 의심받을 것이라고 생각하는 것은 매우 옹졸한 발상이다. 인간이라면 누구나 아킬레스건이 있는 법이다. 그것은 인간다움이다. 자신의 부족한 점을 인정하는 자세는 상대로 하여금 '저 사람은 겸손하다'는 생각을 갖게 한다. 다시 말해, 결점이 사람을 겸손하게 만들어 오히려 사회적 성공의 발판이 되는 것이다.

한 가지 예를 들어 보자. 소위 명문대를 졸업한 사람들이 모두 출세하는가? 아니다. 그들이 성공하지 못한 이유는 무엇일까? 그들은 어렸을 때부터 학업성적이 우수해 대우를 받았던 습관에 젖어 조직사회에서 자신이 상대방에게 위축되는 것을 견디지 못하거나 다들 알아주는 대기업에 취직하지 않으면 자신의 입지가 깎인다고 생각한다. 그러면 자연히 회사생활에 충실하지 못하고 동료와 불화가 생기기 십상이다. 스스로 자신을 과대평가하는 자세가 성공의 발목을 잡는 것이다.

경쟁사회에서 잘난 체는 금물이다. 매사 배우려는 겸손한 태도를 보여라. 그것이 현명한 인맥처세술이며, 이기는 길이다. 사람은 상대방의 약한 부분을 보고 안도하며, 그에게 다가서는 기회로 삼는다. 상대방이 당신을 어떤 말이나 도움도 필요로 하지 않을 것이라고 생각한다면, 또는 당신은 완벽하지만 완벽의 이면에 숨기고 있는 뭔가가 잔뜩 있을 것이라 생각한다면 상대방은 당신에게 다가오지 않을뿐더러 피할지도 모른다. 당신 역시 지나치게 거만한 사람보다는 겸손한 자세를 가진 사람에게 더 마음이 간 경험이 있지 않은가?

이때 한 가지 주의해야 할 점이 있다. 자신의 결점을 그대로 노출시켜서는 안 된다는 것이다. 조화로운 인간관계를 위한 허점 드러

인맥은 좋은 사람에게 모이는 법

내기는 당신의 인격, 전체 생활 가운데 10% 정도로 해야 한다. 특히 경쟁사회에서의 인간관계란 줄다리기와 같다. 관계를 지속하기 위해서는 인간적인 맛을 느끼게 할 만큼 사소한 허점 드러내기 정도에 그쳐야 한다.

06

소중한 것을
가장 소중히 여겨라

사회생활의 영역이 넓어짐에 따라 새로운 인간관계가 형성되고, 저마다 자신의 인맥을 만들기 위한 노력으로 분주하다 보면 가장 가깝고 오랜 친구를 소홀히 하게 되는 경우가 있다. 인간은 근본적으로 새로운 것을 좋아하기 때문에 서로 잘 알고 지내는 사람보다 미지의 부분이 더 많은, 새로운 인간관계에 흥미를 가지게 된다.

오랜 친구란 서로 깊은 이해를 동반하는 관계다. 어린 시절을 함께 보낸 친구도, 몇십 년 전의 동창생도 오랜 친구다. 그러나 그리움이나 편안한 감정은 있지만 존경이나 신뢰가 없다면 세월의 공백

만큼에 미지의 부분에 대한 불안이 존재한다. 이러한 경우에는 사실 오랜 친구라기보다는 '옛 친구'라고 해야 옳다.

오랜 친구는 오랜 시간의 변화를 넘어 단절됨 없이 지속된 교우관계를 일컫는다. 그렇기 때문에 그런 관계를 얻기란 쉽지 않다. 당신의 과거는 그 오랜 친구와의 관계로 존속해 온 것이다. 그렇기 때문에 누구나 가질 수 없는 얻기 힘든 보물이다.

"가장 소중한 것은 자신이 살아온 인생과 옛 친구다"라는 독일 속담이 있다. 소중한 것을 가장 소중히 여겨야 한다는 말이다. 오랜 세월의 변화를 함께 넘고, 서로를 거울삼아 관계를 지속하는 일은 결코 쉽지 않다.

사회생활을 하다 보면 이해관계와 상관없이 자신의 이야기를 일방적으로 허심탄회하게 이야기하고 싶은 상대가 절실하게 필요할 때가 있다. 그러나 잘못 이야기했다가는 상대방에게 부담감을 주거나 오해를 살 수 있기 때문에 혼자서 삭히는 경우도 많다. 그러나 '오랜 친구'라면 마음 놓고 몇 시간씩 이야기를 털어놓을 수 있고, 그 때문에 흉잡힐 일도 없으니 얼마나 좋은가.

인맥이란 꼭 이익만을 따져서 맺는 관계가 아니다. 때로는 사회생활 속의 지친 마음을 위로받을 수 있는 대상이 있다는 것만으로도 큰 힘이 된다. 어렵고 힘들 때만 찾아가 당신의 짐을 덜려고 하지 마라. 오랜 친구를 소중히 여기는 일은 나아가 새로운 관계를 이어나가는 출발점이 된다.

인맥은 좋은 사람에게 모이는 법

07

매사에
겸손하라

일반적으로 상대방에 대해서 호의를 갖는 것과 성의를 보인다는 것은 큰 차이가 있다. 호의는 조건이 맞지 않으면 쉽게 나쁜 감정으로 바뀔 수 있으나 성의는 좋은 인간관계의 견고한 기반을 만들어 준다.

따라서 성의의 출발은 상대방에 대한 존경심의 발로이며 예의에서 우러난 진지함을 바탕으로 한다.

흔히 일상생활에서 인간관계의 처세를 잘못하는 사람들은 이와 같은 의미를 명확히 구분하지 못하기 때문이다. 모든 대인관계에서 성의 있는 자세로 임하게 되면 사업상의 의견충돌도 감정상의 갈등도 없다.

세계적 재벌로 알려진 록펠러가(Rockefeller family)에 있었던 일이다. 중국의 유명한 도자기 수집가 몰간이 죽자 그가 수집한 많은 도자기가 팔리게 됐다. 록펠러의 아들 존이 훌륭한 예술품을 사려고 했지만 그에게는 많은 돈이 없었다. 그래서 그는 할 수 없이 아버지에게 투자해 줄 것을 간청했지만 다른 사업의 확장에 몰두해 있던 록펠러는 아들이 중국 도자기의 미술적 가치뿐 아니라 재산증식의 가치까지도 열심히 설명했음에도 불구하고 아들의 요구를 들어주지 않았다.

하지만 젊은 청년 존은 포기하지 않고 아버지에게 편지를 써서 보냈다. 편지는 매우 예의를 갖춘 정중한 문구로 씌었으며 어떤 사업상의 제의보다도 논리적인 설득이 담겨 있었다. 비록 아들이 아버지에게 보낸 편지였지만 록펠러는 그때까지 이렇게 성의 있는 편지를 받아 본 적이 없음을 깨닫게 됐다. 마침내 아버지는 아들의 제의를 받아들였고, 그 돈은 빌려주는 것이 아니라 도자기를 선물로 보내는 것으로 한다고 말했다.

아버지에게 정중한 편지를 보낸 아들의 재치도 놀랍지만 아들의 성의 있는 제의를 멋지게 수락한 록펠러의 자세도 훌륭했다. 이렇듯 성의 있는 태도는 타인의 마음을 움직인다. 능수능란한 재치는

인맥은 좋은 사람에게 모이는 법

생명이 짧고 맹렬한 도전은 거칠어서 상처를 남길 수 있지만 성의 있는 태도는 오랫동안 깊은 인상을 남긴다.

이처럼 인간관계는 정녕 도자기와 같아 오래될수록 값어치 있는 보물이 되는 것이다. 따라서 성의는 인간관계의 진정한 출발을 약속한다. 그것은 사교상의 술수를 배제하며 영원한 믿음을 가져다주는 인맥 만들기의 토대가 되는 것이다.

상대를 끌리게 하는
매력을 계발하라

여기에서 매력이란 신비로운 요소가 있는 것을 가리킨다. "그 친구는 그 정도밖에 안 되는 인물이야"라든가, "그 사람은 우리가 본 그대로야"라고 몇몇이 속삭이는 경우를 볼 수 있다. 그것이 사실인지, 뭔가에 대한 변호인지, 아니면 미워하는 생각 때문에 하는 말인지는 경우에 따라 제각각일 수 있다. 그러나 적어도 비평의 대상이 되는 사람은 더 볼 것이 없는, 이미 밑천이 다 드러난 사람일 것이다.

매력이란 무엇인가? 사람의 마음을 사로잡아 끄는 힘이다. 그것은 그 사람의 내면으로부터 은은하게 풍기는, 뭔가 정체를 알 수 없

인맥은 좋은 사람에게 모이는 법

는 참신함을 내포한 가능성이다. 어떤 사람과 대화하면서 자기도 모르게 감탄을 하는 경우가 있다. 도대체 이 사람의 한계는 어디까지인가 알 수 없는 것이다. 매력이란 바로 이런 것이다. 아무리 오랫동안 교제해도 전부를 알 수 없는, 신비로운 힘을 가지고 있는 사람이야말로 진짜 매력 있는 사람이다.

S대학을 은퇴한 L교수는 '컴퓨터 불도저' 라고 불리는 정치인이다. 그는 언제나 수치화된 정확한 데이터를 갖고 있었다. 또 그는 다른 사람이 전혀 상상치 못한 의외의 발상과 의표를 찌르는 기대 이상의 행동력을 발휘했다. 거기에 참을 수 없는 매력을 느낀 사람들이 구름처럼 그의 주위로 몰려드는 것이다.

그의 매력은 미지의 가능성이 있다는 점이다. 미지의 가능성이란 인간적 수련과 꾸준한 연마를 통해서 길러진다.

"자신의 손 안에 있는 모든 것을 내보이지 마라"는 옛말이 있다. 또 "지혜는 조금씩 내라"고 했다. 아무리 퍼내도 바닥이 드러나지 않는 가능성이란, 바꾸어 말하면 언제나 생각의 절반은 남겨 두는 테크닉을 의미한다. 무엇이든 적나라하게 드러내서 곧 본전이 노출돼 버리는 정직한 바보는 되지 말자.

사람들은 타인의 모든 것을 알기를 바란다. 그리고 여러 가지 기회를 만들어 그와 대화하려는 노력을 기울인다. 이것이 인맥 만들기다. 타인의 모든 것을 알고 싶다는 생각이 인맥 만들기의 단초가 된다.

만일 당신이 어떤 이의 모든 것을 알아야 할 필요가 있다면, 우선 너무 서두르지 말아야 한다. 그리고 가급적 자주 만나라. 한 번, 두 번, 세 번…… 끊임없이 만나다 보면 그 사람의 모든 것은 드러나게 마련이다. 그것이 바로 끈끈한 인맥의 기술인 것이다.

회사 경영도 마찬가지다. 고객의 취향을 바꾸려 하지 말고 고객의 입맛에 맞추도록 하는 것이 가장 효과적인 처세술이다.

인맥은 좋은 사람에게 모이는 법

09

이해관계에 집착하지 마라

개인 사업을 하는 K씨는 인간관계를 맺는 원칙이 있다. 그는 자기에게 이득이 되는 사람과 손해가 되는 사람, 그리고 이해관계가 수평을 이루는 사람을 구분해 교제한다. 그의 이러한 인간관계는 명분이 있고, 합리적인 것처럼 보인다. 그러나 그는 이 세 타입의 기준을 자기 개인적인 판단에 의해 내리기 때문에 기회주의적인 사람으로 평가를 받는다.

따라서 K씨는 언제나 상대방이 자기에게 어떤 이익을 가져다줄 사람인가를 먼저 계산한다. 이익을 주지 못한다고 생각될 경우에는 손해가 얼마나 되는지를 따진다. 그러다 보니 그의 절친한 벗이 되기 위해서는 무엇보다도 먼저 이익을 줄 수 있는 사람이 돼야 한다는 원칙이 따르게 된다. 따라서 합리적인 인간관계의 원칙을 지키는 것같이 보이면서도 접근하기가 어려운 사람, 이기적인 사람이라는 평가를 받게 되며, 그의 주변에는 인정을 나눌 수 있는 벗보다는 냉정한 비즈니스를 위한 사람들만이 있게 됐다.

K씨의 이러한 인간관계는 부하직원을 지도하는 데에도 그대로 적용됐다. 그래서 그는 언제나 인복은 있으나 인덕은 없는 사람으로 평가받고 있다.

따라서 아무리 유능한 직원이라도 K씨와 같은 냉정한 인간판단의 독선 앞에서는 의욕을 상실해 버리기 쉽다. 그가 자기 밑에 믿음직스런 중간간부를 육성할 수 없는 것은 바로 이런 이유 때문이다.

무조건 이익을 추구하는 인간관계에서는 당신의 성공에 진정한 조력자를 구할 수 없다. 인간관계의 이익이란 영원히 지속되는 것이 아니다. 오늘 도움이 된 사람이 내일은 당신에게 피해를 입힐 수도 있다. 상대를 이해타산의 손익관계로 구분하면서 인간관계를 맺어 나가는 것은 자기독선이다.

인간관계는 내일을 확신받을 수 없는 당신의 생활과 같다. 따라서 당신이 언제나 쓸모 있는 일만을 골라서 했다고 해도 시간이 지

인맥은 좋은 사람에게 모이는 법

나 보면 전혀 부질없는 일로 평가될 때가 있듯이 인간관계는 당신이 어쩔 수 없이 맺어야 하는 모험과 같다.

따라서 인맥을 만드는 데 이해득실만을 기준으로 삼아서는 안 된다. 경우에 따라서 당신에게 큰 피해를 입혔을지라도 앞으로의 성공을 이루기 위한 좋은 교훈으로 받아들일 수 있는 것이 당신들만이 가질 수 있는 경험이다. 자기를 이 사회에서 드러나게 하는 일은 바로 당신 주변에 많은 사람을 모으는 일이다. 냉정한 장사꾼에게는 고객이 모이지 않는다는 사실을 알아야 한다.

"물건은 싸게 사되 사람은 비싸게 사라"는 말이 있다. 무엇이든 베풀 수 있을 때, 그리고 당신 자신을 파는 가게에는 고객이 붐비게 된다. 많은 사람들 가운데 자연스럽게 맺어지는 인맥을 쌓아 가는 노력이 필요하다.

성공한 자는 스스로 타이밍을 만들어 낸다. 인맥을 스스로 창조해 내는 능력을 향상하도록 노력하자.

공감대를
형성하라

한국 사회에서 실패하는 사람들의 대표적인 특징 중에 하나로 자기폐쇄성을 들 수 있다. 매사에 비협조적이고 남을 이해하지 않으며 투쟁하기보다 침묵으로 일관한다.

인간의 성격을 분류한 크레치머의 분류에 따르면 이런 타입의 사람은 언제나 자기 틀 속에 갇혀 상대의 의견이나 감정 등을 이해하지 않는다고 강조하고 있다. 이런 사람은 겉으로는 쾌활한 척하지만, 의외로 이런 타입 중 자기폐쇄성의 기질을 가지고 있는 사람이 많다. 이를테면 남의 비방을 잘한다거나 협상과 타협보다는 엉뚱한 제안을 해 외톨이가 되려고 하는 사람들이 있다.

인맥은 좋은 사람에게 모이는 법

그렇다면 성공자의 기질은 어떤가? 그들은 유연하게 타협할 줄 알며 상대의 감정을 이해하려는 여유를 갖고 있다. 사회생활을 위한 인간관계의 협조성이 강한 것이 그들의 특징이다.

남의 마음을 이해하기 위해서는 이성적인 이해방법과 감정적인 이해방법이 있다. 특히 성공자들은 후자(감정적인 이해방법)쪽이다. 심리학에서는 이것을 공감능력이라고 하는데 타인의 역경과 고뇌를 자기의 일처럼 절실히 느낄 수 있는 능력을 지니고 있다는 것이다.

여기에서 공감이란, 소리가 균형유지를 위해 파장이 같아야 하듯 상대의 감정변화를 정확히 파악해야만 가능하다. 따라서 성공자들은 예외 없이 사람들을 이해시키며 협조하게 만드는 능력을 갖고 있다.

그들은 다양한 사람들과의 공감대를 형성하기 위해 폭넓은 지식과 경험을 자기 것으로 만든다. 언제 어느 순간에 어떤 상대와 대화하더라도 쉽게 상대의 기분을 움직일 수 있는 능력은 습관적인 노력을 통해 가능한 것이다.

그들은 상대의 감정을 파악하기 위해 타인들에 대한 정보를 끊임없이 수집하고 있다.

인간의 개성을 외향성과 내향성의 두 가지로 분류했을 때 성공자의 대부분은 정신활동의 에너지라는 공감주입능력이 크게 작용하고 있다. 따라서 성공자가 되기 위해서는 끊임없이 접촉하는 많은 사람들과 공감대를 형성할 수 있어야 한다. 이런 공감능력을 얻기 위해서는 부단한 노력이 필요하다. 그리고 또 노력 이전에 자신의 기질을 적극적 성격인 외향성으로 변화시키든가 더욱 강화시켜야 한다는 전제가 뒤따른다.

HNI의 양광모 소장은 "좋은 인맥은 인삼과 같아 끈기를 갖고 꾸준히 연락을 하고 관리를 해야만 좋은 관계를 맺을 수 있고, 내가 선한 마음으로 상대방을 대하면 반드시 돌아오게 된다"고 말한다.

인간관계는 모든 비즈니스 활동의 우위에 서 있다. 인간관계의 원만한 접근이 실현되지 않을 때 인간의 활동은 고립되고 만다. 따라서 인간관계의 능숙한 비결이야말로 바로 성공자의 기본태도라는 것을 이해해야 한다.

타인의 기쁨도 아픔도 제 것으로 느낄 수 있을 때 당신은 비로소 성공자의 대열에 합류할 수 있다. 따라서 공감능력의 계발은 인맥 만들기의 성공을 향하는 관문이다.

인맥은 좋은 사람에게 모이는 법

11

나이를 초월한
교제를 가져라

한결같이 "요즘처럼 세대 간의 단절이 심화된 시대는 없었다"고 이야기한다. 그러나 이것은 그다지 이상한 일도, 또 오늘날의 특징만도 아니다. 인류의 역사가 시작된 이래 계속해서 문제시돼 왔고, 앞으로도 마찬가지일 것이다. 저자가 보기에는 오히려 최근에는 세대 간의 단절이 적어졌다고 생각하고 있다. 왜냐하면 평균수명이 늘고 사회에서 은퇴하는 중·장년층이 늘어났기 때문이다.

발상이나 생각에 있어서 단절은 늘 존재하는 법이고, 그것은 비단 나이 때문만은 아니다. 누구든 발상과 착안을 꾸준히 하면

두뇌는 노화되지 않는다. 다만 인생경험이 풍부하다는 것이 거꾸로 순수한 생각을 방해한다는 점에서 젊은이들의 반발을 사는 것은 어쩔 수 없다. 고령자에게 정의에 대한 용기가 부족하다는 점도 반발을 사는 하나의 요소다. 더구나 그에 대한 반성도 없고, 경험주의에 바탕을 둔 타협과 권위만을 사용하는 폐해가 단절의 원인을 만들었다.

40대 중반의 광고카피라이터인 K씨와 20대 후반의 방송구성작가인 P씨는 한 달에 한 번 정도 만나는 친구 사이다. 보통 상식선에서 '40대 아줌마와 20대 후반의 자유분방한 사고를 갖고 있는 싱글 여성이 어떻게 친구관계를 맺을 수 있을까?' 하고 의아하게 생각할지도 모른다.

그러나 K씨는 "우연히 모임을 통해 P씨를 만나게 됐는데 내가 갖고 있지 못한 자유분방한 사고방식이 나의 고정관념을 깨워 업무에도 무척 도움이 되고 있어요. 그리고 또래의 친구들을 만나면 매일 자식, 남편 이야기로 정작 당사자에 대한 이야기는 못하는데 P씨를 만나면 나 개인에 대한 이야기만으로 대화를 나누니 내 자신의 존재감을 느껴요. 그리고 중요한 건 대화를 하다 보면 20대 후반이 된 듯한 느낌이 들어 나도 젊어진 것 같아요."

인맥은 좋은 사람에게 모이는 법

P씨는 "언니와 대화를 하다 보면 제가 갖지 못한 인생경험에 대해 배우게 돼요. 사물을 바라보는 시각이 성숙된 것 같아 도움이 되고, 학교나 직장에서는 배우지 못하는 인생공부를 하는 셈이죠."

이처럼 나이를 초월한 관계는 서로가 갖고 있지 못한 것들을 나눌 수 있기에 새로운 인맥이 될 수 있다.

"옷은 새것일수록 가치가 있고, 사람은 나이가 들수록 가치가 있다"는 옛말이 있다. 파스칼이 "자신이 속해 있는 연대를 스스로는 알 수 없다. 상대적 세대에 속해 있는 사람이야말로 그 세대의 일을 진실로 아는 사람이다"라고 말한 것도 같은 맥락의 말이다.

순진한 정열이란 얻기 어렵다. 같은 세대에서 의견을 편다는 것은 진보의 원동력이다. 그러나 사람은 경륜과 함께 시야가 넓어지고 경험으로 얻는 지혜가 자기개발의 밑거름이 된다.

단순히 나이가 적다거나 많다는 이유로 인맥 리스트에서 제외시키는 것은 인생의 큰 손실이다. 즉 차별 없는 교제란 나이를 잊은 교제를 말한다. 나이 많은 사람과 사귄다는 것은 적지 않은 저항이 따르며 생각이나 감각의 차이로 다소 불편한 점도 생길 것이다. 그러나 세대를 초월한 교제야말로 당신의 인맥의 범위를 넓혀 줄 획기적인 것이다.

현명한 교제는 나이에 얽매이지 말고, 다양한 사람들과 공통의
화제로 이야기를 나누는 것에 달려 있다.

인맥은 좋은 사람에게 모이는 법

12 명함 매너를
지키자

명함은 제2의 얼굴이다. 명함에는 그 사람의 이름, 소속 회사, 업무 내용, 직위, 휴대폰 번호, 이메일 주소 등의 정보가 담겨 있어 어떤 사람인지 짐작할 수 있게 해 주는 소중한 도구다.

명함은 인맥을 만드는 가장 기본적인 밑거름이 된다. 당신이 만난 사람들의 명함을 어떻게 관리하고 활용하느냐에 따라서 인맥의 폭은 크게 달라질 수 있다.

그렇다고 해서 명함을 잔뜩 모아 두기만 해서는 안 된다. 일 년에 한 번씩 자신의 명함파일을 관리해야 한다. 동호회 등을 통해 개인적으로 만난 사람, 비즈니스 관계로 만난 사람 등을 구분해 둘 필요가 있다. 그래야 체계적인 인맥관리를 할 수가 있다.

간혹 어떤 사람은 명함을 호주머니나 지갑에서 명함을 꺼내 건네기도 한다. 그리고는 상대방의 명함을 받자마자 건성으로 보며 자신의 호주머니에 집어넣는다.

이 사람의 태도가 어떻다고 생각하는가? 진정한 프로는 자그마한 곳에서도 프로다운 면모가 보인다. 명함은 별도의 명함집에 넣어 휴대하라. 명함은 곧 자신의 얼굴인데 지갑에 들어 있는 돈이나 카드와 똑같이 취급을 한다는 것이 말이 되는가?

그리고 상대방의 명함을 받으면, 그 사람이 초면인 경우라면, 테이블 위에 그 사람의 명함을 올려 놓고 대화할 때 그 사람의 인적사항에 대해 실수를 하지 않도록 해야 한다.

영업부의 L씨는 영업실적이 우수하고 항상 주위사람들에게 호평을 받아 사람들의 부러움을 산다.

"저는 항상 상대방의 명함을 받은 날짜와 어떤 용무로 만났는지를 메모해 놓습니다. 그리고 다음에 만날 때 그 연장선상으로 대화를 꺼내면 그 사람은 제가 자신에게 관심을 가져준 것에 대해 감사하며 저에게 호의를 베풀어 줍니다. 저 역시 메모를 함으로써 상대

인맥은 좋은 사람에게 모이는 법

방에게 실수를 하지 않으니 업일을 철저하게 한다는 인상이 믿음을 주는 듯합니다."

그의 영업비법은 지극히 간단하지만 세심한 관심과 배려가 있지 않으면 안 되는 것이다.

첫 대면의 사람과 명함을 교환하는 것은 하나의 예의인데 타인 앞에서 명함이 잊고 안 가져왔다든가 명함을 떨어트리는 행동은 정말 해서는 안 될 큰 실례다. 이는 자신의 직업이나 신분에 대해 긍지를 갖고 있지 않거나 상대방에 대한 기본적인 예의를 갖추고 있지 못함을 뜻한다.

사람을 만날 때는 항상 자신의 신분이나 지위를 쉽게 알릴 수 있는 명함을 휴대해야 한다. 그렇지 않으면 주의가 부족하거나 경솔하다는 평가를 듣는 동시에 업무면에서 신뢰할 수 없는 사람으로 평가될 수 있다는 사실을 명심하자.

13

먼저
베풀어라

사람과의 사귐에 있어서 상대방에게 일방적으로 얻으려고만 하는 사람이 있다. 한두 번은 그럴 수 있지만 이런 사람과는 지속적인 관계를 유지하기 어렵다. 인맥 맺기를 나에게 이익을 주는 사람을 만드는 일로만 생각한다면 큰 오산이다.

모 방송국의 시사프로그램 담당 PD가 있었다. 시사프로그램이다 보니 관련 기업체에서는 그에게 잘 보이기 위해 로비를 아끼지 않았고 그가 원한다면 언제든지, 어디든지 사람들이 모여들었다. 물론 그는 항상 접대를 받는 입장이었다. 명절 때는 물론이고 주말

인맥은 좋은 사람에게 모이는 법

에도 찾아오는 손님으로 그의 집은 항상 북적댔다. 그가 50대 중반이 됐을 때 지병으로 일을 그만두고 집에서 요양을 하기 시작했다. 처음에는 몇 사람이 간혹 병문안을 오더니 차차 사람의 발길이 끊어졌다. 심지어 그가 전화를 걸어도 바쁘다며 다음에 보자고 전화를 끊어버리기 일쑤였다.

자, 이 경우처럼 젊어서 한창 일할 나이에는 주변에 사람이 들끓었으나 그가 일선에서 떠나자 주위사람들이 모두 떠나고 없는 상황은 무엇을 말해 주는가? 과연 그의 인맥관리가 어떠했다고 생각하는가? 그의 인맥은 언제고 쉽게 허물어질 수 있는 모래성과 같은 것이었다. 인맥관리에 성공하려면 비즈니스 관계에서만이 아니라 세상을 살아가는 동안 영원한 만남을 가질 마음의 준비를 하라.

내가 첫 출판기념회를 가졌을 때의 일이다. 나는 출판기념회에 참가한 사람들에게 책을 무료로 증정했다. 나중에 살펴보니 어떤 분은 어렵게 낸 책을 어떻게 공짜로 받아갈 수 있겠느냐며 식사값과 책값을 놓고 갔다. 비단 받아서만이 아니라 베풂을 받았다는 생각에 그분이 무척 인상적으로 남았다. 그러나 대부분 책을 받아가고 추후 아무런 연락이 없었다. 그래도 책을 잘 읽었다며 수고했다는 전화나 메시지를 남긴 경우는 양호한 편이다.

당신은 어떠한 유형인가? 진정 튼튼한 인맥을 만들기를 원한다면 남에게 먼저 베풀어라. 그러면 당신도 모르게 두터운 인맥이 형성돼 있을 것이다.

인맥은 좋은 사람에게 모이는 법

14 유머로 새로운 관계를 창조하라

아인슈타인은 학교가기를 싫어한 것으로 유명했다. 그는 이렇게 말했다.

"나에게 있어서 최고의 학교는 유머였다. 사람은 세상이 믿고 있는 규칙만을 곧이곧대로 받아들여서는 안 된다. 왜냐하면 규칙에 얽매여 있어서는 그것을 뒤집을 수 있는 새로움을 창출할 수 없기 때문이다."

꼭 판에 박은 듯한 인생을 살아가는 것보다, 규정들로부터 다소 일탈할 수 있는 여유를 갖고 살아가는 것이 좋다.

유머는 인생에 있어서 청량제 내지는 새로움을 창출하는 에너지원이기도 한다. 그러나 대부분의 사람들은 업무에 시달리다 보니 얼굴은 항상 긴장돼 있고, 대화에는 부드러움이 실종돼 있다. 유머가 중요한 이유는 곧 자신의 얼굴에 웃음을 갖고 있느냐 없느냐의 결정요인이 되기 때문이다. 그리고 유머감각은 다른 사람과의 관계에 있어서도 활력소를 주는 중요한 열쇠가 된다.

어느 회사의 면접시험이 있었다. A는 학업성적이 매우 우수했고, 학교장의 추천서도 받았는데, B는 중간 정도의 학업성적으로 졸업했다.

면접관이 두 사람에게 몇 가지 질문을 했고 다음날 합격자가 발표됐다. 그런데 의외로 합격자는 B가 되었다. 도대체 어떻게 된 영문일까?

A는 면접을 보는 내내 시종일관 경직된 얼굴로 면접관이 물어보는 질문에 교과서적인 대답을 했다. 그런데 B는 답변이 다소 어설픈 면은 있었으나 어떠한 질문에도 미소 띤 얼굴로 긍정적이고 적극적인 모습을 보였다. 면접관 입장에서 A는 어떠한 급박한 일이 생겼을 때 융통성을 발휘하기 어렵고 B는 긍정적인 사고와 유머감각으로 어려운 상황일지라도 잘 극복할 수 있을 거라는 믿음을 주었던 것이다.

인맥은 좋은 사람에게 모이는 법

이처럼 유머란 상대방을 웃기게 한다는 것만은 아니다. 유머감각을 갖고 있다는 건 자신의 사고를 긍정적으로 바꾸어 주어 상심에 빠져 있을 때 자신을 위안하고 웃어넘길 수 있는 여유를 갖게 해 준다. 일 잘하는 사람이 유머감각도 뛰어나다는 통계 결과도 있다. 유머감각은 사람의 마음을 사로잡는 힘이 있다. 마르크스, 레닌, 마오쩌둥 등과 같은 혁명가들도 유머감각이 뛰어났다는 사실을 간과해서는 안 된다.

프랑스의 사상가 몽테뉴는 그의 수상록에서 이렇게 말하고 있다.

"식탁을 풍성하게 하려면 사려깊은 사람이 아닌 재미있는 사람을 초대하라."

당신에게 유머가 필요한 이유

※ 《상대방의 마음을 사로잡는 유머의 기술》 중에서

1. 비용이 들지 않는다.

2. 긴장감이 완화된다.

3. 기분 전환이 된다.

4. 이야기할 때 당신의 목표를 쉽고 빠르게 전달할 수 있다.

5. 삶에 활력을 준다.

6. 상대방의 마음을 따뜻하게 만들 수 있다.

7. 당신의 호감도를 높일 수 잇다.

8. 기억에 남는 사람이 될 것이다.

9. 상대방이 당신의 이야기에 귀를 기울일 것이다.

10. 창의력이 향상된다.

인맥은 좋은 사람에게 모이는 법

15

지나친 자만은
사람을 도망가게 한다

자기자랑만 하는 것만큼 다른 사람을 고통스럽게 하는 것도 없다. 지위·명예·가족·경력, 그리고 과거의 공적 등 "내가 이래 보여도 말이야" 하고 말하고 싶어지는 때가 있다. 그러나 누구를 막론하고 자랑거리가 한두 가지 없는 사람은 없다.

J씨는 어려운 집안형편 때문에 고등학교를 졸업하고 직장생활을 하다 야간대학을 졸업했다. 매사 열심히 노력한 결과 샐러리맨의 신화로 불릴 정도로 억대연봉의 대열에 오르게 됐다. 그로 인해 매

스컴에 집중됐고, 많은 인터뷰와 강연 요청 의뢰도 쇄도했다. 그의 강연료는 시간당 200만 원 정도로 A급 수준이었으며 그가 낸 책은 베스트셀러가 됐다. 샐러리맨이라면 모두 그를 동경할 지경이었다.

그는 업계의 실력자로서 모든 명예를 가졌다. 그러나 한 가지 얻지 못한 것이 있었는데, 바로 인덕이었다. 총명하고, 일처리나 강연 실력도 뛰어난데 사람들은 그를 존경하지 않았다. 그것은 다름 아닌 그의 자만심 때문이었다.

그는 지위 덕분에 각종 모임에 참석했고, 한마디씩 부탁받곤 했다. 그는 자신의 귀중한 체험에 입각해서 인생교훈 말하기를 좋아했다. 그리고 마지막 한마디를 잊지 않고 덧붙였다.

"……이상입니다만, 나는 이 일에 대해서 '과연 J씨구나' 하는 말을 듣는 것은 너무나 당연하다고 생각합니다."

이때 잘 듣고 있던 사람들은 이 한마디에 기분이 상해 버렸다. 기껏 좋은 이야기를 해 놓고 결국은 자기자랑으로 끝을 맺는 그에게 모두가 손가락질을 했다.

누구든 자신을 부추겨 주면 자기도 모르게 우쭐해지는 경향이 있다. 거기까지는 그래도 인간적이고 굳이 나쁠 것도 없다. 그러나 그 부추김에 취해 자만심에 사로잡혀서는 안 된다.

인맥은 좋은 사람에게 모이는 법

사람과의 관계는 서로를 인정함으로써 비로소 형성되는 것이다. 제아무리 뛰어난 사람일지라도 자기자랑을 일삼는 것을 참고 들어야 하는 것은 참을 수 없는 고역이다. 그것은 상대방의 빈축을 살 수밖에 없는 일이며 곁에 있던 앤맥들조차도 떠나게 만든다.

따라서 자랑을 하려면 겸손함을 전제로 하든가, 아니면 "내 자랑을 하려는 것은 아닙니다만" 하는 식으로 전제를 한 뒤 이야기를 시작해라. 당신에게 뛰어난 재능이 있다면 그냥 놓아두어도 언젠가는 싹트고 꽃피어 사람들의 시선이 머무르게 되는 법이다. 스스로 나서서 자랑하지 않는 것이야말로 지혜로운 인맥 만들기의 한 방법임을 새겨 두도록 하자.

16

다양한 분야의
사람을 만나라

자신이 몸을 담고 있는 분야만이 아닌 다양한 업종에 종사하는 사람들과 교제를 가질 필요가 있다. 자신의 직업분야만으로는 폭넓은 인맥을 구축할 수 없기 때문이다. 더욱이 이 복잡다기한 사회에서는 그런 특정 분야만의 지식으로는 완전한 인맥관계를 형성할 수 없다.

따라서 다양한 업종의 사람들을 통해 경험이나 비즈니스 노하우 등을 교류하는 것은 자신의 지식량, 발상의 폭을 넓히는 데 기여하며, 인간적 성장이 가능하도록 한다. 폭넓은 지식과 감성, 인정과 지혜가 풍부해야만 매력 있는 사람이 될 수 있다.

인맥은 좋은 사람에게 모이는 법

일본의 종합상사가 세계에서 두드러진 파워를 자랑하고 있는 것은 업종 그 자체의 고유업무가 소위 지적 산업이라는 사실과 그 지식을 팔아야 하는 취급상품에는 부가가치가 많아 상승효과를 높여 가는 특수한 조직을 갖고 있기 때문이다. 인맥에 있어서도 서로 다른 수많은 직종까지 범위를 확대시켜 감으로써 지식과 인연을 만들어 가려는 노력에 주력하지 않으면 안 되는 이유가 바로 여기에 있다.

다양한 업종의 사람들과 인맥을 만들기 위한 손쉬운 방법에 대해 알아보자.

첫째, 중·고·대학시절의 친구들을 활용하는 방법이다. 이를 위해서는 각종 모임이나 동창회에 빠지지 않고 얼굴을 내밀도록 한다. 바쁘다면 미니홈피의 방명록을 활용해도 좋다.

둘째, 자신의 거주지역 사람들과 적극적으로 교제하라. 같은 지역에 산다는 이유만으로도 강한 소속감을 느끼는 경우가 다반사다. 회사 생활을 하면서도 같은 지역에 거주하게 되면 더 친밀감을 느끼게 되는 것도 그런 이유이다. 지역모임과 그곳에서 주최하는 행사 등에 임원을 맡아보는 것도 한 가지 방법이겠다. 영업사원이나 여행사에 근무하는 사람은 고객 속으로 깊이 파고듦으로써 고객의 인맥까지도 끌어들일 수 있다.

셋째, 취미나 스포츠를 통해서 인맥을 맺도록 하라. 요즘은 업무

이상으로 주말에 자신만의 취미활동을 즐기려는 추세다. 그러나 혼자 즐기는 것보다 모임을 통해 끈끈한 인연을 맺고 있는 경우가 많다. 가령 골프·여행·테니스·스키클럽 등의 멤버가 되는 것이다. 어쨌든 뭔가 특별한 취미를 갖는다는 것은 인맥 만들기에 있어서 매우 중요하게 작용한다.

취미를 통해 형성한 교우관계의 좋은 점은 연령, 직업, 지위를 초월한다는 데 있다. 그리고 업무관계로 형성하는 교제보다도 취미로 맺어진 인간관계가 의외로 강한 결속력을 갖는데, 이것은 영업시간 외의 해방된 기분과 격의 없이 만날 수 있다는 점 때문이다.

최근에는 1인 기업들도 점점 늘어가고 있는 추세이다. 사람들은 1인 기업가를 백조라고도 말한다. 백조는 물 위에서는 우아하게 떠 있으면서 물 아래에서는 열심히 떠 있기 위해 물갈퀴 달린 발이 쉴 새 없이 움직이고 있다. 1인 기업가는 모든 일을 혼자서 해야 하고, 또 많은 사람들과의 관계를 통해서 사업을 유지해야 한다. 그래서 그들을 백조라고 부르는 모양이다. 그 때문에 그들에게 인맥을 만드는 일은 더 없이 중요하다. 왕성한 호기심과 의욕으로 사교 관계를 넓혀야 하고 그 모든 일들을 혼자 해야 하기 때문에 바쁜 것이다.

이 1인 기업가들의 성공과 인맥 만들기의 노하우는 '적극적인 태

인맥은 좋은 사람에게 모이는 법

도’이다. 적극적으로 다방면의 사람을 자주 만나고, 그 사람들을 나의 인맥노트에 적어 넣을 수 있도록 나와 친밀한 사람으로 만드는 것이다.

1인 기업가만이 아니라 우리도 그런 적극적인 마인드를 가진다면 얼마든지 넓은 인맥을 가질 수 있다.

♀ 인맥을 넓히는 사자성어

오설상재(吾舌尚在)

“내 혀가 아직 살아 있소?”라는 뜻으로 비록 몸이 망가졌어도 혀만 살아 있으면 뜻을 펼 수 있다는 말이다. 이처럼 뛰어난 언변과 설득력은 인맥 만들기에 중요하게 작용한다.

Chapter 4

인맥경영의 위험요소들

ake the best use of
personal networking

진정으로 내 인맥인가를 간파하라 | 술자리에서 허풍을 떨지 마라 | 성격이나 습관이 나쁜 사람은 과감히 버려라 | 유명인은 인맥이 될 수 없다 | 외모만으로 사람을 판단하지 마라 | 당신의 시간을 뺏는 사람과는 관계를 맺지 마라 | 자기 일에만 집착하는 사람은 멀리하라 | 무작정 화만 내는 사람은 곤란하다 | 무엇이든 아는 척하는 사람은 멀리하라

진정으로 내 인맥인가를 간파하라

모든 사람에게 인기 있는 사람이 있다. 즉 입담 좋고, 상대방의 분위기를 잘 맞추고, 남의 표정을 읽는 데 뛰어나며, 상대방의 기분에 맞는 말을 잘한다. 그러니 모든 사람들이 그를 좋아할 수밖에. 그러나 진정 당신만의 인맥을 원한다면 이런 사람은 경계해야 한다. 모든 사람에게 마냥 친절을 베푸는 사람은 당신이 중요한 순간에 어떤 절실한 부탁을 할 때 오히려 거절할 확률이 크다. 물론 누구에게나 베풀 수 있는 친절 정도라면 흔쾌히 들어줄 것이다.

이런 류의 사람은 겉보기에 처세를 잘하고, 남의 비위를 잘 맞추기 때문에 편한 마음이 들어 빠르게 교우관계가 형성된다. 그러나 오랜 시간을 사귀어 보면 진정 믿을 만한 사람이 아님을 알게 된다. 겉으로는 걱정해 주는 척하지만 속마음은 그렇지 않고, 무엇이든 부탁하면 받아 주기는 하지만 한번도 고충을 해결해 준 적이 없다.

다른 사람이 싫어하는 것을 말하지 않는 대신 특별히 도움되지도 않는다. 요컨대 남의 편인지 내 편인지 분간하기 어려운 타입의 인간이다. 이런 사람과의 관계는 오래 지속해 봐야 팥 없는 찐빵과 같다.

작은 사업체를 운영하는 K씨는 10년 동안 형이라고 부르며 알고 지내는 언론사의 기자가 한 명 있었다.

그 형은 품성이 바르고 누구에게나 인기가 있었다. 간혹 만나 술잔을 기울이며 인생상담을 받기도 했으며 그때마다 진솔한 충고를 해 주곤 했다. 어느 날 K씨는 그 형과 도모해 새로운 사업을 하고 싶다는 생각을 했고 사업계획서를 작성해 그에게 제시했다. 그런데 몇 번이고 그는 모호만 말만 늘어놓았다. K씨가 형에게 제안한 사업계획서는 큰 자본이 드는 것도 아니고 그 형의 인맥과 K씨의 노하우를 접목하면 되는 사업이었으며 설령 실패한다 하더라도 직장을 접고 하는 사업이 아니라 큰 손해가 날 것도 없었다. K씨는 왠지 그가 자신을 믿지 못하고 있다는 생각이 들었고 이 일로 인해 그 형

인맥경영의 위험요소들

과 연락이 뜸해지기 시작했다.

인맥이란 이익관계가 아니더라도 서로 간에 믿음이 전제돼야 한
다. 믿음이 없는 관계란 지속해 봐야 시간 낭비일 뿐이다. 사람과
관계를 유지하는 데 있어 진정 내 인맥인가를 파악하는 것은 매우
중요하다는 사실을 명심하도록 하자.

02

술자리에서
허풍을 떨지 마라

진정 그 사람에 대해서 알고자 한다면 술을 같이 마셔 보면 된다고 한다. 동서고금의 문헌에 술에 관한 여러 가지 이야기나 교훈이 남아 있는 것만 보아도, 사람이 술을 마시면 얼마나 많은 문제를 야기하는지 알 수 있다.

인문학자 에라스무스는 "취중에 진리가 있다"고 했다. 직장인으로서 술을 먹고 한두 번 실수해 본 적 없는 사람은 없을 것이다. 자기는 절대로 실수한 적이 없다고 하는 사람도, 사실은 상대방이 너그러워 말 없이 참고 있었을 뿐이다.

사람은 누구나 술을 마시면 다른 사람이 된다. 따라서 "술은 근심을 쓸어내는 빗자루"란 말은 술꾼들의 변명에 불과하다. 그러나 비즈니스 사회에서 술이 개입되지 않는 인맥이란 드물다. 술 한잔 마시지 못했던 신입사원이 10년이 지나면 대단한 술꾼으로 변한 사례는 우리 주변에서 헤아릴 수 없이 많다. "주벽을 고쳐라", "품위 있게 마셔라", "주량을 조절하라"는 식의 많은 교훈도 있다.

술은 자기를 잊기 위한 신의 선물이고, 우정의 윤활류다. 더구나 비즈니스 사회의 애수, 증오, 환희를 승화시키는 데 없어서는 안 될 소중한 것이다.

술자리에서 상담하기를 좋아한다든가, 술을 먹지 않으면 마음을 터놓고 이야기하지 않는다는 경우가 있는데, 그것은 어느 특정한 민족에 한정된 습관이 아니다. 어느 나라, 어느 민족에게나 있는 일반적인 현상인 것이다.

술은 주벽이 있음으로 해서 비로소 가치가 있다고까지 말하는 사람도 있다. 술을 마시고도 자세 하나 흐트러뜨리지 않고, 고상한 말만 하다가 헤어진다는 것은 아무래도 인간적이지 못하다고 여긴다.

그러나 문제는 술을 마시면 이성을 잃고 무작정 자기 본위가 되는 사람들이다. 다른 사람의 입장이나 상대방의 기분은 생각하지 않고, 제멋대로인 태도를 보인다면 곤란하다. 취중의 실수는 모두 용서된다고 생각한다면 그것은 당신만의 착각이다. 술자리에서 남의 흉담을 유난히 한다든가, 업무에 대한 비밀을 이야기한다든가, 지나치게 자신의 말만 늘어놓는 행위 등은 상대방으로 하여금 당신과의 술자리를 꺼리게 하는 빌미를 제공한다.

울적한 기분을 한잔 술로 씻어내고 싶은 것은 직장인 누구나가 가진 욕망이다. 그러나 술자리에서도 지켜야 할 기본적인 예의가 있음을 잊지 말자. 만약 당신이 술을 마시며 상대방에게 자신의 빈틈을 적당히 보이고 인간성을 드러냄으로써 인맥을 다질 줄 안다면 당신은 고단수의 인맥술을 터득한 사람이다.

03

성격이나 습관이 나쁜 사람은 과감히 버려라

지나치게 고지식한 사람, 심술궂은 사람, 근성이 비뚤어진 사람, 이런 타입의 사람들이 주위에 한두 명씩은 존재하기 마련이다.

이런 사람들의 공통된 특징은 다른 사람의 의견이나 행동에 대해 일일이 트집을 잡는다는 것이다. 누군가가 의논을 하러 가면 단점을 말하거나 흉을 보고, 흥을 깨버리기 일쑤며, 대화의 허리를 잘라 버린다. 이처럼 귀찮은 존재도 없다. 그 사람을 알려면 친구를 보라는 말이 있다. 이처럼 사람과의 관계맺음은 곧 자신의 인격과 수준을 나타내는 척도가 된다.

가령 성격이나 습관이 나쁜 사람을 자신의 의도와 상관없이 친구로 사귀게 되는 경우가 있다. 이런 경우는 가급적 거리를 두는 것이 좋다. 어차피 자신의 비즈니스적 범위와 맞지 않는 관계라면 언젠가는 소원해질 수밖에 없다.

"사람을 가려서 관계를 맺는다는 건 너무 비인간적이다"라고 말하는 사람도 있다. 그러나 당신 주변에 경제적으로 어려움을 겪고 있는 사람이 많다고 가정해 보자. 당신은 그들을 돕기 위해 돈관계로 인해 골머리를 썩거나 심지어 빚더미에 나앉을 수도 있다. 그리고 상대방에게 말을 함부로 하거나 거짓말을 일삼는 친구와 같이 업무적인 자리에 동참을 했다고 생각해 봐라. 그 친구의 실수로 인해 당신의 수준까지 의심받을 수도 있다.

내 학창시절 중 두 친구에 대해서 이야기하고자 한다. 학업성적이 중간 수준인 A와 B라는 친구가 있었다. A는 항상 공부를 잘하는 친구들과 어울려 다녔다. 주변에서는 수준 차이 때문에 스트레스를 받지 않냐고 했지만 그는 그 말에 아랑곳없이 공부 잘하는 친구와 어울려 다녔다. 1년 후 그는 자신의 성적보다 20% 상승된 성적이 됐다.

B는 A와 마찬가지로 중간 정도의 성적이었고 미술에 뛰어난 재

능을 보였다. 미술을 전공하려는 친구보다 더 인정을 받았으니 그가 얼마나 재능이 있었는지 짐작을 할 수 있을 것이다. B의 부모님은 넉넉지 못한 살림에도 그를 대학에 보내고자 고2 때부터 미술학원에 보내기 시작했다. 그러나 그는 학원비로 부모님 몰래 친구들과 나이트클럽을 다니며 노는 데 열중했다. 결국 그는 대학진학에 실패했고 고등학교 졸업장을 갖고 아르바이트를 한다는 소식만 간간이 들렸다.

어쩌면 너무 극단적인 사례를 들었는지도 모른다. 그러나 그만큼 당신의 주변사람에 따라서 당신의 운명이 달라질 수 있다는 사실을 간과해서는 안 된다.

결혼 상대자를 만날 때도 반려자의 주변사람을 보고 결혼을 결심했다는 이야기를 심심찮게 들을 수 있을 것이다. 또한 당신이 어떤 사람을 만났을 때 그의 주변 사람이 사회적 지위가 높다면 상대방의 가치가 더 높아진다는 사실을 느낄 것이다.

당신 주변에 인격적으로 습관이 나쁜 사람이 있다면 지금이라도 과감히 정리할 것을 권한다.

04

유명인은
인맥이 될 수 없다

흔히 잘나가는 사람들의 명함을 모아 놓고 즐거워하는 사람을 종종 볼 수 있다. 사회적 지위가 높다든가, 텔레비전, 라디오, 신문 등에 자주 이름이 오르내리는 사람을 친구라고 강조하며 제3자에게 큰소리치고 싶어한다. 유명인을 알고 있다는 사실을 말함으로써 자신의 가치를 그와 동등하게 끌어올릴 수 있다고 착각하는 것이다.

그러나 그런 사람은 소위 유명인과 서로 아는 사이라고 하는 사실의 본질을 전혀 모르고 있는 경우가 많다. 유명인의 경우 그 사람의 자질이 뛰어난 것인지, 처세가 훌륭한 것인지, 이름을 파는 기술이 탁월한 것인지, 교제술에 뛰어난 것인지, 애매한 요소가 너무 많다. 어쩌면 그 전부를 갖고 있기 때문에 유명해졌는지도 모른다.

이렇듯 유명인은 그처럼 헷갈리는 일종의 '신자'들의 지탱에 의해 존재한다고 볼 수 있다. 가령 유명인이 "저 사람은 내 친구다"며 자신을 높인다고 해도 그것은 하나의 계산된 행동이라고 생각해야 한다. 그에게 있어서 나는 그의 이익과 결부되고, 기조가 되는 사람에 지나지 않는다.

여기에서 '유명'이라고 하는 것은 소위 '불특정 다수의 막연한 평가나 지지'라는 말과 동의어다. 바꾸어 말하면 막연한 세계에서만 비로소 존재가 허락되는 것이 유명인이라고 생각해도 과언이 아니다.

결국 유명인은 허구의 존재고, 그 세계에서의 사귐 역시 허구에 지나지 않는다는 사실은 자명한 이치일 것이다. 만일 그렇지 않다면 많은 유명인이 이 세상을 떠난 뒤 완전히 그 교제범위가 소멸되지 않았을 것이기 때문이다. 아니 굳이 죽은 뒤가 아니라 하더라도 그가 명성을 잃었을 경우 그 허구의 세계가 붕괴해 흔적도 없이 사라질 리가 없다.

흔히 유명인이 '유명'을 지탱하기 위해서는 많은 약속과 사귐을 외면할 수밖에 없다. 그래서 그들은 본의 아니게 실없는 약속을 하고 다니거나, 말로만 편의를 봐 주고 말로만 약속을 한다. 누구와도 적이 돼서는 안 되기 때문이다. 그것은 금전관계나 그 밖의 특별한 이해관계가 없으면 일종의 스쳐지나가는 인맥으로 끝나 버리고 만다. 정치판 비즈니스에서 이런 사람들을 많이 볼 수 있다.

따라서 이런 유명인을 친구로 가지고 있다고 자랑하는 것은 지극히 불행한 일이라고 해도 과언이 아니다. 흔히 그들은 바쁘다든가, 일이 있다든가, 혹은 의리(義理) 등의 구실을 붙이면 '친구'라고 칭하는 사람들과의 약속은 자연스럽게 어길 수 있고 또 그러고도 아무렇지도 않은 것이 이들 유명인들이 벌이는 작태다.

만일 교제술의 범주 내에서 이들과 교류하면서 비즈니스상의 모든 것을 확실하게 계산하며 딱 부러진 한계를 그을 수 있다면 몰라도, 단지 순수한 열정만으로 진실한 친구라고 생각한다면, 그것은 종종 배반이라는 쓴 잔으로 돌려받을 수도 있음을 명심해야 한다.

인맥이라고 하는 것은 이러한 가짜 인간들 속에서 찾아서는 안 된다는 점을 인식해야 한다.

05

외모만으로
사람을 판단하지 마라

사람을 만났을 때 왜 첫인상을 중요하게 여길까? 인상은 단시간 내 상대에 대해 판단을 내릴 수 있는 가장 쉬운 방법이기 때문이다. 또한 사람들은 언제나 그 사람의 인상에 따라 해석하고 판단하고자 하는 경향이 있다. 그리고 그 해석과 판단에서 오는 좋고 나쁜 감정으로 교제를 선택하고 있다. 대체로 차분하고 잘 생긴 사람은 경계하지 않는 반면, 체격이 크고 우락부락한 사람은 특별히 그 사람의 책임이랄 것이 없는데도 주위사람들로부터의 경계를 감수해야 한다. 그러나 외모가 수려한 사기꾼도 많다는 사실을 잊어서는 안 된다.

옛말에 사람은 외모로 판단하지 말라고 했다. 사람의 속마음은 외모와 반드시 일치하지 않는다는 이야기다. 그러나 인간의 속성상 그것은 실제로 지켜지지 않는다. 악한 것보다는 선한 것을, 더러운 것보다는 깨끗한 것을 좋아하는 것이 인지상정이기 때문이다.

또 우리는 일상에서 접촉하는 사람들을 가리키면서 "저런 인상을 가진 친구는 조폭이 많다"라든가, "저 친구는 험악한 인상 하나로 한몫하는 사람이다"며 멋대로 인상을 평가하기도 한다. 어쨌든 사람은 누구나 인상(人相)으로 인상(印象)을 쉬이 결정하는 습관을 가지고 있다.

그러나 인상이나 골격은 부모로부터 물려받은 것일 뿐, 본인의 희망이나 책임이 따르는 것이 아니다. 그런데도 잠시 만나 본 느낌만으로 "왠지 까다로울 것 같다"거나, 멀리서 바라보고 "진실하지 않은 사람 같다"고 단정지어 버린다. 그것은 자신의 도량이 좁거나 단순한 사람이라는 것을 드러 낼 뿐이다.

당신이 인맥을 넓히고자 한다면, 절대로 외모에서 오는 인상에 혼돈되지 말도록 한다. "열 길 물속은 알아도 한 길 사람 속은 모른다"는 옛말은, 사람이란 직접 겪어 봐야 한다는 충고다. 외모로 인한 섣부른 판단은 어쩌면 당신에게 소중한 인맥을 놓치게 할 지도 모른다.

인맥경영의 위험요소들

‘인상이 안 좋은 사람은 그만큼 콤플렉스를 안고 있어서 비뚤어진 사고방식과 굴절된 사상을 가진 경우가 많다’고 생각하는 것도 지혜롭지 못하다. 오히려 콤플렉스를 가진 사람이야말로 자신에게 흉금을 열어 주는 사람에게 모든 것을 보여 줄 수 있는 것이다. 예로 S. 존슨의 말은 그런 의미에서 한번 되새겨 볼 만한 가치가 있다.

“꽃이 피는 들의 땅을 아무리 파도 황금의 광맥은 숨어 있지 않다. 그러나 황야의 땅 밑에는 엄청난 보고가 숨겨져 있는 경우가 있다. 이와 마찬가지로 인간도 그 외모만으로는 판단하기 어렵다.”

볼품없고 험상궂은 인상, 그리고 왜소하고 보잘것없는 사람 중에 세계적인 정치가, 경영자, 학자 등이 많다는 사실을 기억하자.

당신의 시간을 뺏는 사람과는
관계를 맺지 마라

약속시간에 항상 늦는 사람이 있다. "죄송합니다. 급한 일이 생겨서 그만……. 정말 면목 없습니다."

이런 말도 한두 번이지 몇 번이고 계속되면 정말 짜증이 난다. 바쁜 것은 피차 마찬가지다. 그리고 바쁘다면 무리하게 약속을 하지 말았어야 하며 피치 못할 사정이 있으면 미리 연락을 취해서 상대방에게 피해를 주지 말아야 한다.

필자도 여러 기관이나 단체에서 강의를 하다 보니 비즈니스적인 약속이 많이 생기게 된다. 그런데 약속시간에 늦어도 자신이 강의를 맡기는 입장이니 으레 내가 기다려야 한다는 자세를 보인다. 이런 경우는 정말 언짢아 수강료나 다른 조건이 조금만 안 맞아도 양보하지 않고 거절을 한다. 그러나 어떤 사람은 약속시간보다 10분 정도 일찍 나와 나에게 예의를 갖추며 정중히 강의를 요청한다. 이런 경우는 강의료나 다른 조건이 안 좋다 해도 흔쾌히 수락한다. 사실 모든 것이 조건으로 이루어지는 것만은 아니지 않는가. 이처럼 약속 시간이란 것은 매우 중요한 의미를 지니고 있다.

소위 나쁜 습관 때문에 상대에게 피해를 준다는 것은 결국 그의 시간을 빼앗는 결과가 된다. '빼앗는' 것은 물건이든, 돈이든, 시간이든 간에 피해를 준다는 데 있어서는 다를 바가 없다. 약속은 비즈니스 관계로 생각할 때 계약과 같은 것이다. 비즈니스 사회의 일원으로서 이 계약정신을 소홀히 해서는 좋은 인맥을 맺을 수 없다. 예를 들어, 크리스천에게 계약이란 신과의 약속을 뜻한다. 따라서 신자들이 약속을 깨는 것은 곧 신을 배반하는 것이므로 그것을 지키기 위해 목숨까지 거는 것이다. 그러나 대부분의 사람들은 약속을 그다지 심각하게 생각하지 않는다.

인간성도 좋고 나름대로 재능도 있는데, 좀처럼 풀리지 않는 사람이 있다. 그런 사람은 대개가 약속을 지키지 않는 사람이다. 다른 사람의 바쁜 시간을 자기 기분대로 아무렇지도 않게 빼앗고도 부끄러워하는 법이 없다. 그런 사람을 어떻게 신뢰할 수 있겠는가? 그런 교제라면 몰라도 사업과 연관된 경우라면 상대방의 신뢰를 얻을 수 없는 원인이 된다.

이런 점에서 분명히 자신의 말을 자기가 지키지 않으면, 아무도 지켜 줄 사람이 없는 것이다.

무엇보다 시간은 소중한 인간의 생명을 잘라놓은 것과도 유사하다. 누구를 막론하고 바쁜 비즈니스 사회에서 그 근본이 되는 것은 바로 '시간'이다. 다른 사람의 시간을 마음으로부터 소중히 생각해 주는 것도, 인맥 만들기의 중요한 조건임을 잊어서는 안 된다.

07

자기 일에만 집착하는 사람은 멀리하라

대부분의 사람들은 여러 사람들이 모인 자리에서 어떻게 해서든 자신의 생각을 말하고, 말하고 싶은 화제로 이야기의 방향을 돌리기도 한다.

그러나 대화의 분위기가 항상 자기 마음대로 되는 것은 아니다. 물론 자기가 꺼낸 화제가 토론거리가 되는 경우도 있지만, 보통의 경우 그때그때의 사회적 이슈에 관심사가 쏠리게 마련이다. 그럴 때마다 대화의 흐름을 끊고 자기중심적인 화제로 일축하는 사람들은 이를 외면당하거나 이기적이라고 낙인되기 십상이다.

어느 날, 사이좋은 친구들끼리 모여 술을 마셨다. 대형 출판사의 사원, 영세 출판사의 편집국장, 방송 하청업자인 모 프로덕션 사장, 그리고 연재소설을 쓰는 소설가, 평론가도 동석했다. 모두가 좋은 술친구들이었다. 대화의 꽃이 피고, 분위기가 한창 무르익었을 때였다. 프로덕션 사장이 국장을 바라보며 심각한 목소리로 말했다.

"의논하고 싶은 게 좀 있는데, 잠깐 자리 좀 옮기는 게 어떤가?"

하지만 그날은 의논이라는 목적성이 있는 화제가 끼어들 상황이 아니었다. 환담을 나누는 것이 그날 밤의 목적이었기 때문에 불과 몇 초 사이에 좌중의 공기가 싸늘해졌다. 국장은 나지막한 목소리로 그를 만류했다.

"이봐, 사업 이야기는 나중에 하지."

그러나 결국 그날 모임은 한 사람의 이기적인 태도 때문에 분위기가 엉망이 돼 버렸다. 인맥이란 상호관계의 연결이다. 자신의 일만 고집하는 것은 인맥 자체를 무너뜨리는 행위다. 인맥이란 다른 사람들의 일을 내 일처럼 도와주고 살필 때 성립될 수 있는 것이다. 이때 지혜로운 안목과 노력이 필요하다. 서로 사귄다는 것은 그 자체만으로 이미 가치를 갖고 있는 것이다. 그러나 가치를 추구하는 것만으로는 진정한 인맥이 성립될 수 없다. 원만하고 실리를 동반하는 교제가 성립되기 위해서는 자기 일에만 얽매여서는 안 된다.

인맥에서 무엇보다도 두려운 것은 상대방이 "저 녀석은 남을 이용하려고만 한다"고 생각하는 것이다. 스스로의 욕심을 자제하는 것이야말로 인맥에 있어서 가장 중요한 요건이다.

08

무작정 화만 내는 사람은 곤란하다

흔히 술을 마시고 마음에 들지 않은 일이 있으면 불끈 화부터 내는 사람들이 있다. 소위 술버릇이 나쁜 경우인데, 그것을 들어주는 사람은 대부분 상대방이 술을 먹었다는 생각에 관대하게 반응해 주는 경우가 많다.

그런데 문제는 술에 취하지도 않았는데 앞뒤 가리지 않고 화만 내고 감정적으로만 치닫는 사람이다. 술버릇이 나쁜 사람도 꼴불견이지만 정신은 멀쩡한데 흥분해서 큰소리를 내는 사람들도 문제다.

어떤 사람은 자기주장이 너무 강한 나머지 어디에서나 감정을 드러내고 화가 나면 책상을 두드리며 큰소리를 친다. 개인이 쓰는 조

그만 사무실이라면 몰라도 만일 커피숍같이 많은 사람들이 모여 있는 곳이라면 뭔가를 힐책하고 있거나 싸우는 것이라는 의심을 받게 된다.

자기 감정을 그대로 표출하는 것은 그 자체가 비난받을 일은 아니다. 그러나 감정에 일단 빠져 버리면 냉정한 대화를 할 수 없다. 생각이 자신의 감정 속에 완전히 빠져들어 남의 말이 귀에 들어오지 않기 때문이다. 따라서 화를 내는 자세로는 이 복잡한 시대를 뛰어넘을 수가 없다. 만일 당신이 화를 청춘의 정열이나 패기로 생각한다면 바보나 정신분열증 환자라는 오해를 받을 수도 있다.

무조건 화부터 내는 사람은 사리분별 못하는 어리석은 사람이다. 당신이 그래서는 안 되는 것처럼 이러한 인물을 당신의 친구로 삼는 것 또한 친구를 모두 잃어버리는 결과를 초래할지도 모른다.

인간이면 누구나 감정에 휩쓸리게 마련이다. 예컨대 어린이의 일이라면 발 벗고 뛰어드는 사람, 좋아하는 일을 위해 일벌레가 되는 사람, 자기도 모르게 취미에 몰두하는 사람 등은 그 사람의 약점이면서도 매우 인간다운 행동이라고 할 수 있다. 또한 사랑하는 사람을 위해서 어리석은 행동을 하기도 한다. 그러나 그것은 무작정 화를 내는 것은 다른 성질의 문제다.

무조건 화를 내면 자기를 잊게 하고, 상대방의 존재를 잊게 하며,

자신을 컨트롤할 수 없는 상태로 빠지게 한다. 흔히 예술가라고 칭하는 사람들 중에 이런 타입의 사람들이 많다. 가장 곤란한 것은 그들이 그렇게 된 데는 그런 행동을 관대하게 봐주는 분위기가 이 사회에 존재한다는 것이다. 가장 값어치 없는 인맥이란 바로 이러한 사람들의 경우를 말한다.

09

무엇이든 아는 척하는
사람은 멀리하라

대부분의 직장인들은 모르는 것이 나오면 왠지 자기만 뒤떨어지는 것 같은 강박관념에 휩싸여 괴로워한다. 그러나 늘 지지 않겠다, 바보 취급당하지 않겠다고 벼르고만 있으면 언젠가는 넘어져 버린다.

모 잡지사 편집장 K씨, 그는 언제나 잘난 척을 한다. 근엄하게 고개를 끄덕이고, 정중한 목소리로 말을 한다. 무엇이든 모르는 것이 없는 듯한 자신감 넘치는 태도는, 굳이 설명을 하지 않아도 매스컴에 종사하는 사람이라는 생각이 들게 한다.

그런데 아무리 잘난 척하고, 전문용어나 외국어를 섞은 고매한 의견을 개진한다 해도, 그의 말에 사람들의 마음이 움직이지 않는다. 결국은 신문이나 잡지의 해설 범위를 한 발짝도 벗어난 적이 없기 때문이다. 언뜻 들을 때는 그럴듯한 것 같지만, 알고 보면 남의 말을 자기 생각인 것처럼 받아 옮긴 것에 불과하기 때문이다. 물론 깊이는 없지만 상식이 풍부한 사람으로 보일지도 모른다. 그러나 그렇게 보기에는 또 말참견이 너무 심하다. 그가 말을 꺼내면 친구들은 '또 시작이군' 하며 고통스런 얼굴로 듣기 싫은 말을 애써 듣는 척한다.

사실은 대단한 머리나 지식이 있는 것도 아닌데, 무엇이든 알고 있는 것처럼 말하는 것은 위선이다. 또한 한 사람이 한 분야에 전문가가 되는 것도 어려운데 무엇이든 다 알고 있기란 또 얼마나 힘든 일이겠는가?

모르는 것은 창피한 일이 아닌데도 자신을 한 단계 높게 보이려고 어설픈 지식을 자랑삼아 드러낸다. 사람에게는 누구나 잘하는 것과 못하는 것이 있게 마련이다.

모르는 것은 솔직하게 모른다고 한 뒤, 가르쳐 달라고 하라. 그 대신 자신이 잘 아는 문제에 대해서는 논리 정연하고 깊이 있는 지

인맥경영의 위험요소들

식을 보여 주는 것이다. 그래야만 대범하고 인간적이라는 평가를 받을 수 있다. 겸허한 자세로 대화에 참여해, 화제를 자신이 잘 아는 분야와 결부시키고, 기회를 보아 자신의 의견을 슬쩍 내보이는 것이야말로 현명하고 지혜로운 화술이며, 교제술이다.

현대는 고도로 복잡다기한 정보화시대다. 한 사람이 모든 것을 알기에는 너무나도 벅차다. 모르는 것을 성실히 배우겠다는 자세가 아니면 동료들로부터 인기를 얻을 수 없다. 그러나 무슨 일이든 모른다는 식으로 피하기만 해서도 곤란하다.

아는 체하는 것도, 너무 모르는 것도, 인맥을 심화시키는 측면에서는 마이너스임을 염두에 두기 바란다.

♀ 인맥을 넓히는 사자성어

고장난명(孤掌難鳴)

손바닥 하나만으로는 소리가 나지 않는다. 혼자서는 큰일을 이루지 못한다는 뜻으로 타인의 도움을 잘 활용할 줄 알아야 예상치 못한 어려움도 잘 헤쳐나갈 수 있다는 말이다.

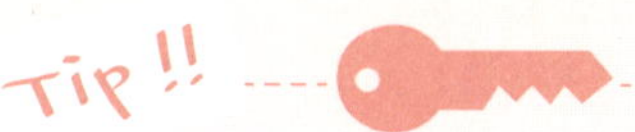

린든 B. 존슨 대통령의 대인관계에 대한 9가지 비결

1. 사람들의 이름을 되도록 정확히 기억하라. 그렇지 않다는 것은 당신이 그 사람에게 별로 관심을 가지고 있지 않기 때문이다.

2. 당신과 함께 있다는 사실이 아무런 부담감이 되지 않도록 온화한 인물이 돼라. 상대가 마치 맞춤신발을 신고 있는 것처럼, 그리고 오래된 모자를 쓰고 있는 것처럼 편안한 느낌을 갖게 하라.

3. 어떤 일에도 마음이 상하지 않는 포근한 성품이 몸에 배게 하라.

4. 자신을 지나치게 자랑하는 사람이 되어서는 안 된다. 자기가 무엇이나 다 알고 있다는 인상을 상대방에게 주지 않도록 하라.

5. 사람들이 당신과의 사귐에서 무엇인가 얻는 바가 있을 것 같다는 느낌을 가질 수 있도록 폭넓은 인간이 되도록 마음을 쓰라.

6. 당신이 받은 바 있거나 지금 받고 있는 모든 오해를 풀 수 있도록 진지하게 노력하라.

7. 정말로 그렇게 될 수 있도록 사람들을 좋아하라.

8. 성공한 사람에게는 축하의 말을, 슬퍼하거나 실망하는 사람에게는 위로의 말을 할 기회를 놓치지 마라.

9. 사람들의 정신적인 힘이 돼 주도록 노력하라. 그러면 그들은 마음속으로부터 당신을 좋아하게 될 것이다.

Chapter 5

인맥을 찾아 사이버 세계로 가자

ake the best use of
personal networking

사이버 인맥을 만들자 | 모든 성공은 인맥으로 결정된다 | 만나는 사람 모두가 인맥이다 | 젊을 때 쌓은 인맥은 평생인맥이다 | 인터넷은 새로운 인맥을 창조한다 | 온라인 인맥을 오프라인 인맥으로 바꾸자 | 키맨을 통해 인맥을 만든다 | 자기 PR을 할 수 있는 명함을 가져라

사이버 인맥을 만들자

인터넷에서 신속하게 의사소통할 수 있는 수단으로 '게시판' 과 '채팅' 이 있다. 포털사이트 중에는 방문자가 정보의 홍수 속에서 고아가 되지 않도록 테마별로 정리하고 있는 사이트도 많다. 개인 홈페이지의 경우도 마찬가지다.

게시판의 메리트는 자신이 편할 때 이용할 수 있으며 많은 사람들에게 보일 수 있다는 점에 있다. 당신의 투고에 대해 반응이 있으면 대화는 단숨에 활력을 띤다.

당연한 일이지만 주제별로 게시되기 때문에, 같은 취미를 가진 사람과 의사소통할 수 있다. 질의응답도 가능하며 박식한 사람들도 많아 그들의 말을 듣는 것만으로도 많은 공부가 된다.

어느 게시판이나 '앗, 이 사람 또 글을 올렸구나' 하는 단골들이 있다. 그들은 이 게시판을 활성화하는 리더적인 존재다. 이쯤되면 방문자들이나 주위에서도 그들의 견해를 신뢰할 것이다.

인터넷을 통해 직접적으로 의사소통할 수 있는 서비스, 그것이 바로 '채팅'이다. 주로 컴퓨터나 인터넷 모드에서 문자를 입력해 대화하는데, 이것은 게시판이 아니기 때문에 리얼타임으로 의사소통을 한다. 즉 타이밍이 매우 중요하다.

채팅은 커뮤니케이션의 일종이지만 실제로 대화하는 것은 아니기 때문에 사람들 앞에서 긴장하는 사람이나 소극적인 사람도 쉽게 참여할 수 있다. 어느 사이트든지 카테고리별로 채팅방이 분류돼 있기 때문에, 어떤 주제로 대화를 하고 있는지도 상세히 알 수 있다.

필자는 게시판이나 채팅을 통해 예전에 듣던 심야방송을 떠올리곤 한다. 20대 이하의 사람들은 모를 수도 있겠지만, 예전에는 심야방송에 편지를 보낼 때 대개 본명이 아니라 닉네임을 썼다. 그래서 자주 투고하는 닉네임은 유명세를 타기도 했다. 요즘에도 방송에서 닉네임이 성행하고는 있지만 그때 같은 낭만은 덜한 것 같다.

1년에 한 번 담당 DJ와 청취자가 한자리에 모였는데, 그들은 DJ

인맥을 찾아 사이버 세계로 가자

이상으로 인기 있었다. 물론 청취자들 모두 그의 이름을 알고 있다. 나 역시 동경의 눈길로 바라보며 사인을 받았던 기억이 있다. 이 역시 사이버 인맥이라는 의미로 볼 수 있겠다.

02 모든 성공은
인맥으로 결정된다

좋은 인맥을 맺기 위해서는 사람들의 지지를 얻어야 한다. 따라서 사회구성원들에게 인정을 받고 지지를 받는 사람인가 아닌가가 그 사람이 성공하는 데 결정적인 요소가 된다. 또한 이것은 자신의 역량을 발휘하는 조건이 되기도 한다.

인맥을 만드는 데 있어서 어떤 사람과 인맥을 맺고 싶다는 등의 막연한 바람은 결코 이루어지지 않는다. 따라서 적극적인 사고와 행동이 필요하다. 물론 지인(知人)을 통해 소개받는 식으로 그 소망이 쉽게 이루어지는 경우도 종종 있다.

'불가사의(不可思議)' 라는 말은 발상과 의논이 불가능하다는 뜻이다. 쓸데없이 이리저리 생각하기보다는 간절히 원하고 적극적인 자세로 찾아 움직여야 한다. 20~30대 때 성공과 실패의 열쇠를 쥐고 있는 것은 인맥이다. 왜냐하면 혼자만의 힘으로 할 수 있는 일은 한정돼 있기 때문이다.

즉 문제나 프로젝트가 크면 클수록, 많은 사람과의 만남을 통해 도움을 받지 않는다면 원활히 추진할 수 없다. 반대로 말하면, 성공을 원한다면 많은 사람의 지원을 받을 수 있는 시스템을 만들어야 한다. 이것은 매우 중요한 일이다. 경영자들은 이 사실을 너무나 잘 알고 있기 때문에 많은 지원자를 원한다. 사원 교육에 열심인 것도 바로 이런 이유 때문이다.

당신이 인맥이 필요하다고 생각하는 이유도 자신을 지원해 줄 동료가 필요하기 때문이다. 실제로 좋은 인맥을 가지고 있으면 모든 일이 잘 풀린다. 인맥은 자신의 운명을 뒤바꿔 놓을 만큼 그 위력이 대단하다.

아마 당신이 지금의 직업을 선택한 것도 궁극적으로는 인맥이 결정적인 영향을 미쳤을 것이다. 당신은 자신의 능력으로 결정했다고 말할지도 모르지만, 따지고 보면 인맥이라는 사실을 깨닫게 될 것이다.

당신은 과연 어느 정도의 인맥을 가지고 있는가?

"이 사람은 인맥이고 저 사람은 인맥이 아니다"라는 식으로 나누어 보면, "내 주변에 이렇게 사람이 없었나?" 하고 놀라게 될지도 모른다. 실제 인맥은 당신이 카운트한 숫자의 절반보다도 적은 수가 아닐까 생각한다. 말하자면 500명이라면 250명, 100명이라면 50명 정도라는 말이다.

명함첩을 꺼내 들고 보았을 때 "나는 기억하는데 상대는 과연 나를 기억할까?", "오래전에 담당자가 바뀌어서 얼굴이 잘 생각나지 않는다" 등은 좋은 인맥이라고 할 수 없다. 얼굴과 이름이 일치하는 정도일 뿐 인맥이라고 할 수 없다.

직장인들의 경우, 대개 회사 대 회사로서의 만남이 일반적이기 때문에 상대에게 있어 당신은 '담당자'라는 정도의 인식밖에 없다. 인맥에는 이런 공적인 인맥도 있지만, '낚시 동료'나 '동호회 동료', '골프 동료'처럼 사적인 인맥도 있다. 물론 양쪽 모두에 해당되는 인맥도 있을 것이다. 공적인 인맥은 공적인 경우에 강하고 사적인 인맥은 사적인 경우에 강해 나름대로 모두 중요한 인맥이다.

인맥에 관해 "공적인 인맥은 인맥이 아니다" 혹은 "공적인 인맥을 사적인 인맥으로 만들자"라고 말하는 지침서들이 많은데 이것은 잘못된 생각이다. 정치인의 인맥을 공과 사로 구분하는 것은 별 의미가 없다. 공적이든 사적이든 인맥은 인맥이다. 재미있고 도움

인맥을 찾아 사이버 세계로 가자

이 된다면 모두 훌륭한 인맥이다.

'나는 과연 공적인 인맥과 사적인 인맥, 어느 쪽이 많을까?' 가 궁금하다면 '결혼식에 직장 사람들 이외에 누구를 초대할까?' 하고 생각해 보자. 경조사에 초대할 수 있는 사람, 바로 그들이 사적인 인맥이다.

03

만나는 사람
모두가 인맥이다

인맥은 재미있는 것이다. 예를 들어 당신의 인맥이 500명이라고 하자. 이 500명의 사람들 역시 각자 500명 정도의 인맥을 가지고 있다. 더욱 넓혀 그 500명의 사람이 또 각자 500명의 인맥을 가지고 있다고 한다면, 이것만으로도 1억 2,500만 명이라는 엄청난 인맥이 된다. 불과 500명의 인맥을 3번 펼친 것만으로도 우리나라 전 인구보다 많은 사람이 당신의 인맥이 된다는 말이다.

즉 당신의 인맥은 정치인을 비롯해 사업가, 연예인, 남성, 여성 나아가 이 땅에 있는 모든 사람이다. 설사, 안면이 없다고 해도 조금만 손을 옆으로 뻗으면 닿을 수 있다.

흔히들 "인맥은 양이 아니야. 질이 중요해"라고 말한다. 물론 옳은 말이다.

"인터넷보다는 역시 실제로 만나는 게 제일이지"라는 말도 분명히 맞는 말이다. 필자도 상당부분 그렇다고 믿고 있다. 그러나 이런 말을 하는 사람들은 사회적으로 높은 지위에 있는 사람으로서 언제든지 전문가의 이견을 들을 수 있는 혜택받은 사람이거나 아니면 컴퓨터를 다룰 줄 모르는 사람, 이 둘 중의 하나다.

따라서 인맥은 질보다는 양이다. 일이나 인맥은 양을 추구하면 질은 따라오게 마련이다. 처음부터 수준을 따지고 들지 말자. 만나는 사람 모두가 인맥, 인연이 있는 사람 모두가 인맥, 만나는 사람 모두가 스승이라는 자세로 교제를 해야 한다.

20~30대라면 그것을 무리 없이 자연스럽게 해낼 수 있으리라고 생각한다. 그러나 40~50대, 그리고 60대가 되면 아무래도 상대의 회사 규모나 직함이 걸리게 된다. 더 심한 경우는 그 이상의 사람들이다.

실버타운에서 흔히 발생하는 트러블 중의 하나가 "난 임원으로 정년을 맞이했으니까 부장이던 사람보다 높다"는 식의 다툼이라고 한다. 죽을 때까지 수직적인 사회구조에서 벗어나지 못하는 낡은 타입의 비즈니스맨, 그 슬픈 습성의 한 단면이라고 할 수 있다.

직장인들의 '인맥 만들기'라고 하면 사외 스터디 모임, 사업하는 사람이라면 업종 동호회 등을 떠올릴지도 모른다. 그러나 당신이 제일 먼저 뛰어들어야 할 일은 바로 사내 인맥을 확실하게 구축하는 것이다. 이는 회사원이든 자영업을 하는 사람이든 모두 마찬가지다. 밖으로만 나가지 말고 내부에서도 성의와 배려가 필요하다.

인맥을 찾아 사이버 세계로 가자

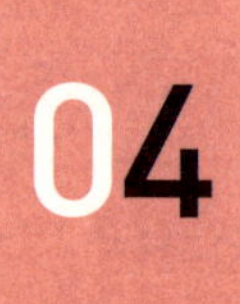

04

젊을 때 쌓은 인맥은
평생인맥이다

20대에 만든 인맥과 30대나 40대에 만든 인맥을 비교해 보면 명확한 차이점이 드러난다. 가장 다른 점은 20대의 인맥에는 이해관계가 거의 없다. 인간적으로 맺어진 관계이기 때문에 그런 의미에서 평생 이어진다.

왜 그럴까? 다름 아닌 20대라는 위치가 그렇게 만드는 것이다. 서로의 지위나 명예 따위에 현혹되지 않으면서 오직 상대방과의 인간적인 관계에만 매달리기 때문이다.

"그 친구 지금은 많이 컸지만 옛날엔 말이야……." 이렇듯 젊음 한 가지뿐이던 시절을 알고 있다는 사실로 서로 간에 공감과 안심을 갖는다. 비록 회사는 달라도 직장사회에 있어서 전우이며 동료라고 할 수 있다.

또한 업무상 혹은 세미나 모임 등에서 만난 사람은, 거의 모두가 당신보다 사회적으로 지위가 높은 사람들이다. 가장 보잘것없는 당신에게 이해득실을 따져 접근해 오는 사람은 거의 없을 것이다.

따라서 20대의 인맥은 오래 지속된다. 필자도 20대 시절에 만든 인맥이 가장 오래 지속되고 있다. 이해관계로 맺어진 인맥이라면 이렇게 지속되기 어려울 것이다.

필자가 실망하고 당황스러웠던 두 가지 사례를 소개한다. 그중 하나는 회사를 그만두었을 때다. 그 사람은 내가 당시 근무하던 회사를 브랜드라고 생각해 나와 함께 기획을 주최하면 그 이름을 쓸 수 있을 줄 알고 접근해 온 것이다. 그런데 그들은 내가 회사를 그만두는 동시에 멀어져 갔다.

또 하나는 어느 중소기업 사장의 경우인데, 그는 내가 회사생활을 그만두자마자 태도가 확 달라졌다. 이 사람도 두 번째 회사가 브랜드라고 생각했는지 내가 찾아갈 때마다 다른 손님에게 "○○사에서 오신 분입니다"라며 회사 이름을 자랑스럽게 소개했다. 결국 그는 내가 아닌 '회사'와 교제를 한 것이었다.

인맥을 찾아 사이버 세계로 가자

중간에 나도 그 사람의 성향을 알았기 때문에 그다지 충격을 받은 것은 아니지만, 그런 사람도 있다는 사실을 알게 된 좋은 경험이었다.

20대 시절의 필자는 일을 하면서 무엇을 얻었을까? 그러나 지금 생각해 보면 직장생활을 하면서 맺었던 친구와 동료들, 일 관계로 만난 거래처 관계자들까지 모든 20~30대 시절에 맺어진 인맥은 함께해 온 시간이 긴 만큼 서로를 잘 알고 있기 때문에 애로사항도 말하기 쉽고 친해지기도 쉽다. 즉 친밀한 관계이기 때문에 서로 마음이 편한 것이다.

최근에는 이메일 덕분에 유익한 정보생활을 하고 있다. 여하튼 끈끈한 인간관계는 20대 안에 쌓아 두지 않으면 안 된다.

지금 20대에 알고 지냈던 인맥들은 모두들 자기실현을 향해 매진하고 있다. 이것은 커다란 자극이 된다. '그래, 나도 질 수는 없지'라고 마음을 다잡는 기회가 되는 것이다.

이렇듯 좋은 라이벌로서 서로에게 격려와 자극을 줄 수 있는 인맥은 20대에 맺어진다.

05

인터넷은
새로운 인맥을 창조한다

"**모**르는 사람과 인맥을 맺으려면 어떻게 해야 합니까?"

"좀 더 쉽게 인맥을 만들 수는 없을까요?"

이런 사람에게 꼭 맞는 인맥 개발법이 있다. 바로 인터넷을 활용하는 방법이다. 인터넷을 미디어로 하는 네트 커뮤니티는 지금 폭발적인 기세로 퍼져 나가고 있다.

최근 인터넷은 모든 경계를 무너뜨렸다. 회사, 업계, 지역, 국가 등의 조직은 물론, 나이와 성별, 발상이라는 범주까지 없애버렸다. 이와 같은 커뮤니티는 '정보'를 매체로 해 시간과 공간을 초월해

인맥을 찾아 사이버 세계로 가자

링크돼 있다. 따라서 누구나 쉽게 다양한 네트워크에 참가해 언제라도 정보를 교환할 수 있게 됐다.

인터넷은 비즈니스 사회에서는 상식이지만, 아직 홈페이지와 검색엔진을 연람하는 것에만 머무른 '주변인' 들도 적지 않다.

인터넷 사회의 진가는 참가하는 데 있다. 즉 자신이 먼저 정보를 발신하고 참가함으로써 인맥은 확대될 수 있다.

과거의 나처럼 소극적인 사람, 자신의 의견을 당당하게 말하지 못하는 사람, 적극적으로 나서지 못하는 사람은 얼굴도 이름(본명)도 표면에 드러나지 않는 이른바 익명성이 특징인 네트 사회라면, 적극적으로 참가할 수 있으리라고 생각한다.

예를 들어 당신이 관심을 가진 인터넷 게시판이 있다고 하자. 그곳에 한 통의 메시지를 올린다. 당신이 올린 메시지는 수많은 사람들이 보게 될 것이다. 만일 인기 있는 게시판이라면 더욱 그렇다. 그렇다면 몇 명인가는 반드시 코멘트를 보내 올 것이다.

"내 의견에 이런 감상을 보내 주었다."

당신은 또 메시지를 보낸다. 그러면 또 코멘트가 돌아온다. 이런 커뮤니케이션의 활성화를 통해 네트워크는 퍼져 나가는 것이다.

인터넷 인맥은 얼굴도, 이름도 알 수 없다. 나이도, 직업도, 여성인지 남성인지도 분명하지 않다. 따라서 인맥이라고는 해도 관계가 매우 불안정하다. 직장과 스터디 모임, 혹은 교류회 같은 기존의 '오프라인 인맥'과는 비교도 안 될 만큼 엄청난 만남의 기회를 가지고 있다. 자칫 이 점을 오해하면 '인터넷 인맥 따위는 인맥이 아니다' 라는 생각이 들기도 한다. 하지만 이것은 잘못된 생각이다.

온라인 인맥은 불특정 다수를 상대로 하기 때문에, 일상생활에서는 전혀 만날 수 없는 사람들과 만날 수 있는 기회를 만들어 준다. 그리고 지금은 취업활동에 있어서 인터넷으로 이력서를 제출하는 것이 당연한 일로 돼 있다. 대기업에서는 1차 면접 정도까지는 인터넷으로 합격을 통지하고 있다. 즉 인터넷을 모르면 취업도 할 수 없는 시대가 온 것이다.

그뿐만이 아니다. 인터넷은 문자, 음성, 비디오, 화상 등 모든 데이터를 송수신할 수 있으며, 전화와 달리 특정한 상대만이 아닌 불특정 다수에 대해 팩스처럼 쌍방향 커뮤니케이션도 가능하게 됐다.

이렇게 편리한 툴을 비즈니스에만 응용할 것이 아니라, 즐거운 인생을 즐기기 위한 인맥 만들기에도 철저하게 활용할 필요가 있다.

인맥을 찾아 사이버 세계로 가자

06

온라인 인맥을
오프라인 인맥으로 바꾸자

앞에서는 인터넷을 활용해 인맥을 확대하는 방법에 대해서 설명했다. 얼굴이나 이름은 몰라도 인터넷을 통해 막대한 인맥을 만들 수 있다는 사실을 명심하라.

인터넷으로 만든 인맥, 그것을 '온라인 인맥' 이라고 한다. 그리고 실제 생활 속의 '오프라인 인맥' 이 있다. 그것은 기존의 방법으로 넓혀 가는 인맥을 말한다. 예를 들어, 업무상 거래처를 찾아다니며 명함을 교환하거나 퇴근 후 스터디 모임이나 교류회에 참가해 다양한 사람들과 실제로 얼굴을 맞대고 소통하는 것이 오프라인 인맥이다.

사실 디지털 시대라고는 하지만, 인터넷이 활성화된 지 불과 20년이 채 안 됐다. 제1세대 소셜네트워크시스템(SNS)이라 불리는 싸이월드(www.cyworld.com)는 2,200만 명이 넘는 회원을 확보하고 있다. 1999년 싸이월드와 아이러브스쿨(www.iloveschool.co.kr)이 오픈했을 때만 해도 그렇게 엄청난 인기몰이를 할 것이라고는 아무도 예상치 못했다. 요즘 일반인은 말할 것도 없이 유명인이나 정치인들 대부분 자신의 홈페이지나 블로그 하나쯤은 갖고 있다. 자신을 알리는 것과 동시에 많은 인맥을 구축하고 또 끈끈한 인연을 맺을 수 있기 때문이다.

인터넷 사이트에서 모르는 상대방과 채팅을 해서 만나기도 하고, 메신저로 모임이나 동호회 등을 만들기도 하고, 더 빠른 신세대는 휴대폰 문자메시지나 전자수첩으로 관리하며 디지털 인맥을 만들어 나가는 것이 요즘의 세태다.

빨리 만나고 빨리 잊혀지는 요즘, 친한 사람들도 서로 관리해야만 익숙해지고 더 오랜 인연을 맺을 수 있다. 물론 인터넷으로 소통할 때도 서로 간의 예의는 반드시 지켜야 한다. '비즈니스맨의 연구회'나 '키맨 네트워크'를 20년 가까이 주재해 오고 있는 나카지마 다카시 씨는 네티즌 간의 '네티켓'은 필수라고 말한다. 또한 남을 배려하면서 나쁜 의도로 접근하는 인맥을 조심하고, 메일 주소를 공개

인맥을 찾아 사이버 세계로 가자

할 때는 신중해야 한다.

　때로 네트워크 인맥은 가면무도회를 하는 것과 유사하다. 어폐가 있지만, 이 가면을 벗기란 매우 어려운 일이다. 그러나 불가능한 일은 아니다. 포인트는 온라인 인맥을 어떻게 오프라인 인맥으로 이끌 것인가에 달려 있다. 바다 속 깊숙이 숨어 있는 물고기를 어떻게 하면 낚아 올릴 것인가? 다시 말해 숨어 있는 인맥을 찾아내는 것이 중요하다. 그것이 온라인 인맥을 오프라인 인맥으로 전환하는 결정적인 승부수다.

07

키맨을 통해
인맥을 만든다

키맨(Key man)은 어느 정도 사회적 지위가 있으면서 다른 사람에게 영향력을 행사할 수 있는 사람을 말한다. 그들은 남다른 인맥을 소유하고 있고, 그들과 가까워지면 직장생활 하는 데에도 많은 도움을 받을 수 있기 때문에 누구든 키맨을 인맥으로 두거나 키맨이 되고 싶어 한다.

어떤 계기로 일단 키맨과 인연을 맺었다면, 이번에는 그 인연을 어떻게 키우며 어떻게 펼쳐갈 것인가에 대해 생각해야 한다. 그냥 그대로 지나쳐 버리면 아무런 가치가 없다.

워크숍 등을 통해 경영자를 강사로 초청했거나 혹은 스터디 모임에 참가했을 때도 또 하나의 인연을 만드는 것이다. "○○ 사장님과 친하신 분 중에 강연을 해 주실 만한 분 안 계십니까?"라고 물으면 된다. 물론 없다는 대답이 나와도 절대로 실망할 필요는 없다. 없으면 그뿐. 무엇이든 일단 부딪쳐 보라는 것이다. 이 정신만 가지고 있으면 충분하다. 당신의 직업이 세일즈라면 더 말할 나위 없이 중요한 이야기다.

미국의 자동차 세일즈 왕인 조 지라드(Joe Girard)는 "한 사람의 인간관계 범위는 약 250명 수준이며, 나는 한 사람의 고객을 250명 보기와 같이 한다. 한 사람의 고객을 감동시키는 것이 곧 250명의 고객을 추가로 불러올 수 있다. 하지만 그 한 사람의 신뢰를 잃으면 250명의 고객을 잃는 것이다"라고 말했다. 이 말은 숫자가 좀 과장돼 보이기는 하나 그만큼 한 사람 한 사람의 중요성, 즉 키맨을 말하는 것이다.

키맨과 돈독한 인연을 맺은 당신은 몇십 명의 새로운 사람보다 훨씬 나은 인맥을 형성한 결과를 가질 수 있다.

이런 키맨을 잡으려면, 우선 다양한 모임에 참가해 한정된 인맥의 벽을 허물고, 키맨을 만났다고 생각했을 때는 그에게 신뢰를 쌓도록 하며, 장기적인 안목으로 인연을 만들도록 해야 한다. 그러면 키맨과 닿은 인연을 지속할 수도 있고 그를 통해 인맥을 발전시키는 계기도 만들 수 있을 것이다.

성공과 실패, 이 모든 경험이 공부가 된다. 실패든 성공이든 경험 자체가 큰 가치를 지니는 것이다.

'반드시 성공해야 해. 그런데 실패하면 어떡하지?' 라고 생각하는 것은 지나친 조바심이다. 40~50대라면 몰라도 20~30대 때 그런 조바심을 갖는 것은 너무 이르다는 말이다. 그런데 막상 상대에게 의뢰했을 때, "음, 생각해 보지"라고 대답하는 경우는 '안 된다' 는 뜻인지 '정말로 고려한다' 는 뜻인지 알 수가 없다. 그러나 그 사람 나름대로 생각이 있을지도 모른다. 그렇다면 이렇게 물어보자.

"그럼 내일 전화를 드려도 될까요? 만약 바쁘시다면 지금 말씀드린 이야기는 잊어 주십시오"라고 잘라 말하는 것이 좋다.

이럴 때 "그래? 잊어버리라고? 다행이군" 하고 말하는 사람은 한 명도 없을 것이다. 만일 그런 키맨이 있다면 한 번 만나보고 싶다. 대부분 "아닐세. 정말로 생각해 보지"라고 대답할 것이다. 이로써 정말로 '고려해 보는 상태' 로 들어가는 것이다. 이렇게 되면 다음 날 반드시 전화를 해야 한다.

만약 상대가 "○○ 회사의 ○○ 사장이 낫지 않을까?"라고 슬쩍 이야기를 꺼낸다면, "부탁드립니다. 제발 꼭 소개해 주십시오"라고 부탁해야 한다. CEO들은 본질적으로 지도자 기질을 지닌 사람이

많기 때문에, "좋아. 지금 부탁해 보지"라고 즉석에서 대답하는 경
우도 적지 않다. 필자도 몇 번이나 체험을 해 본 바 있다.

08

자기 PR을 할 수 있는
명함을 가져라

직장인이라면 누구나 명함을 가지고 있다. 특히 세일즈맨이나 관리자 등 외부와 교섭이 필요한 사람은 반드시 명함을 가지고 다녀야 한다.

필자도 스터디 모임이나 취재활동에서 명함을 교환하는 일이 많은데, 명함을 인맥 만들기에 효과적으로 활용하는 사람은 드물다는 생각이 든다. 왜냐하면 거의 모든 사람들이 회사에서 지급받은 명함을 사용하고 있기 때문이다.

물론 명함은 공짜기 때문에 마음 놓고 써도 상관없다. 연락처와 소속부서, 직함에 이르기까지 모든 것이 인쇄돼 있기 때문에 그것은 나름대로 매력이 있다.

여기에서 사장이나 임원급이라면 그것도 좋다고 생각한다. 그들에게 있어서는 '회사 = 자신'이기 때문이다. 그러나 평범한 직장인, 특히 20~30대의 회사원이라면 근무처와 이름이 적힌 단순한 명함보다는 자신만의 특징이나 개성을 어필할 수 있는 명함을 가지는 것이 좋다.

예전에는 디자이너나 예술, 문인 계통의 사람들이 주로 색다른 명함을 가지고 다녔다. 하지만 요즘은 개성시대다. 명함을 만들어 주는 온라인 사이트나 오프라인 매장도 많고 직접 자신이 디자인한 명함도 성행하는 시대다. 틀에 박힌 명함이 아닌 자신을 부각시키는 명함이야말로 인맥을 형성할 때 좀 더 유리하게 작용한다.

필자도 회사 명함을 사용하지 않았던 때가 있었다. 회사가 아닌 나 자신을 부각시키고 싶었기 때문이다. 어찌 보면 너무 실리적인 생각 같지만, 대부분 근무 외 시간까지 회사 홍보를 해야 한다는 생각은 하지 않는다. 세일즈맨을 교육할 때, "상품이 아닌 자기 자신을 팔아라", "회사 명함으로 일하지 마라"는 말이 약방의 감초처럼 등장하는데, 이것 역시 인맥 만들기에 해당되는 말이다.

아무리 인터넷이 발달해도 직장인들이 처음 만났을 때 하는 행동은 명함 교환이다. 이것은 미국 비즈니스 사회에서도 마찬가지다.

흔히 한국 샐러리맨의 경우, 명함을 보았으니 당연히 알고 있을 터인데도 일부러 "○○회사에 근무하십니까?"라고 다시 한 번 확인한다. 이것은 결코 불필요한 절차가 아니다. 즉 이 말을 계기로 커뮤니케이션이 시작된다.

따라서 가장 좋은 명함은 커뮤니케이션의 기회를 많이 제공하는 반석임을 알 수 있다. 그것은 인맥 만들기에 절대적인 힘을 발휘한다.

♀ 인맥을 넓히는 사자성어

봉생마중 불부이직(逢生麻中不扶而直)
쑥은 원래 옆으로 퍼져 자라는데 이러한 쑥이 삼밭에서 자라면 도와주지 않아도 곧고 길게 자란다는 뜻이다. 사람은 어떤 사람을 만나고 사귀느냐에 따라 운명이 달라지는데, 사회에서도 좋은 인맥을 만드는 데 힘써야 한다는 말이다.

인맥을 찾아 사이버 세계로 가자

성공적인 직장생활을 위한 인맥관리

※ 온라인 교육사이트 '에듀스파' 에서 직장인 404명을 대상으로 설문조사한 내용을 재구성한 것임.

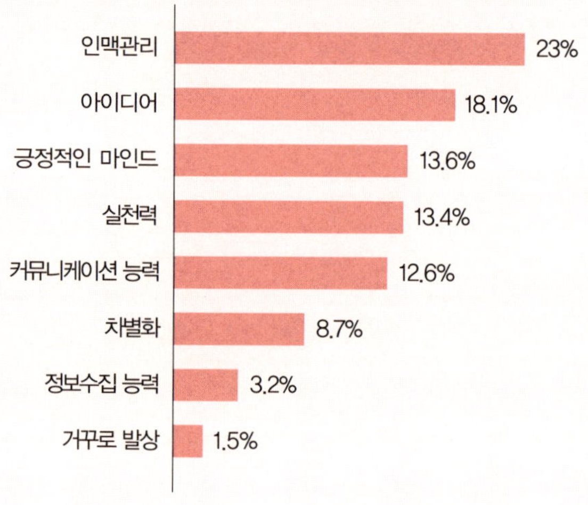

성공을 이룬 사람, 즉 키맨은 선망의 대상이다. 사람들은 그들의 삶을 엿보고 싶어 하고 그들의 성공 비결을 궁금해 한다. 복잡다기한 사회인만큼 다양한 삶의 위기들이 존재한다. 그럴 때마다 사람들은 키맨에게 조언을 구하거나 마음의 안정을 찾는 것이다.

물론 회사생활이 인생의 전부는 아니다. 그러나 꾸준히 자신의 미래를 대비해야만 앞으로 있을 삶의 터닝포인트를 당당히 마주할 수 있다.

인맥은 성공적인 미래를 여는 청사진이다.